U0935042

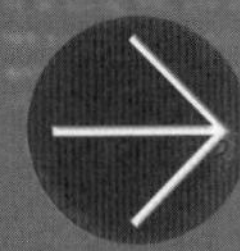

ΗΘΙΚΩΝ ΝΙΚΟΜΑΧΕΙΩΝ

尼各马科伦理学

ΗΘΙΚΩΝ ΝΙΚΟΜΑΧΕΙΩΝ

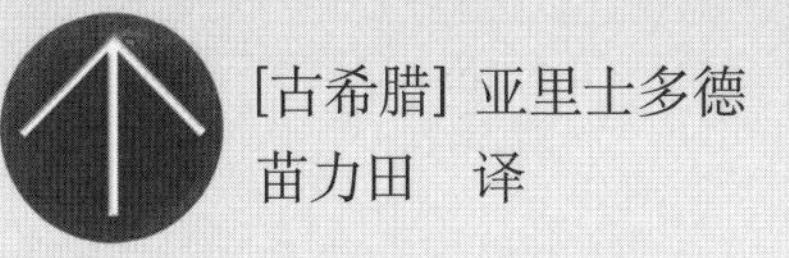

[古希腊] 亚里士多德　著
苗力田　译

中国人民大学出版社
·北京·

Ethika Nikomakheia 据《洛布古典丛书》希腊本文，并参照了1988年修订版的牛津本。

出版说明

中文版《亚里士多德全集》（10 卷本）1997 年出齐后，获得了第四届国家图书奖（1999 年）、国家社会科学基金项目优秀成果一等奖（1999 年）等多项大奖。为了读者使用的方便，也为了把自己研究西方哲学尤其是古希腊哲学的心得传达给读者，全集主编苗力田先生又编选了带有注释的《亚里士多德选集》（包括形而上学卷、伦理学卷和政治学卷，1999—2000 年出版）。几年来，不断有读者尤其是大学生和研究生反映需要亚里士多德著作的单行本。为了满足这些读者的需要，我们将亚里士多德最具影响的著作（《工具论》、《物理学》、《形而上学》、《尼各马科伦理学》、《政治学》和《修辞术·亚历山大修辞学·论诗》）以单行本的形式出版。

需要说明的是：单行本的译文与《亚里士多德全集》大体一致。个别术语和人名的改动，是苗力田先生在全集重印和做电子版时亲自订正的。单行本的注释与全集保持一致。全集的脚注中所引证的希腊语词是按照国家颁布的《汉语拼音方案》的字母表对应拼写的。

对西方哲学名著的译介和研究是一项没有止境的事业。准确、完美的译文，深入、详尽的注释，以至创造性的阐释和发展，是只能接近而难以完全达到的理想境界。不断接近这一境界，既有赖于学术界的努力，也需要出版界的推动。我们愿与学术界一道，不断为学术进步作出贡献。

中国人民大学出版社

目　录

第一卷 / 1
第二卷 / 25
第三卷 / 42
第四卷 / 68
第五卷 / 92
第六卷 / 118
第七卷 / 136
第八卷 / 163
第九卷 / 187
第十卷 / 210

第一卷

1

一切技术，一切规划以及一切实践和抉择，都以某种善为目标。因为人们都有个美好的想法，即宇宙万物都是向善的（但目的的表现却是各不相同，有时候它就是活动本身，有时候它是活动之外的结果，在目的是活动之外的结果时，其结果自然比活动更有价值）。由于实践是多种多样的，技术和科学是多种多样的，所以目的也有多种多样。例如，医术的目的是健康，造船术的目的是船舶，战术的目的是取胜，理财术的目的是发财。在这里，某些活动有时归属于同一种能力。例如，制作马勒以及其他马具的技术，都归属于驯马术，马战和一切战斗行动都归属于战术，以同样方式其他活动也属于其他技术。从这里可以看出，那占主导地位的技术①的目的，对全部 1094a

① arkhitektonike。

从属的技术的目的来说是首要的。因为从属的技术以主导技术的目的为自己的目的。（不论实践目的就是现实活动自身，还是在活动之外还有其他目的，如以上所说的科学那样，实际并无区别。）

2

如若在实践中确有某种为其自身而期求的目的，而一切其他事情都要为着它，而且并非全部抉择都是因他物而作出的（这样就要陷于无穷后退，一切欲求就变成无益的空忙），那么，不言而喻，这一为自身的目的也就是善自身，是最高的善。关于这种最高善的知识，在生活中岂不是可以产生巨大的转折吗？正如一个射手在瞄准靶子后，就更容易射中目标。如若是这样，那么就要力求弄清至善到底是什么；在各种科学和能力中，到底谁以它为对象。

人们也许认为它属于最高主宰的科学，最有权威的科学。不过，它显然是种政治科学。正是这门科学规定了城
1094b 邦需要哪些科学，哪一部分人应该学习哪一部分科学，并学习到什么程度。我们看到那些高贵的才能，如战术、理财术和讲演术都隶属于政治学。政治学让其余的科学为自己服务。它还立法规定什么事应该做，什么事不应该做。它自身的目的含蕴着其他科学的目的。所以，人自身的善也就是政治科学的目的。一种善即或对于个人和对于城邦来说，都是同一的，然而获得和保持城邦的善显然更为重要，更为完满。一个人获得善值得嘉奖，一个城邦获得善

却更加荣耀，更为神圣。讨论到这里，就可知道，这门科学就是政治科学。

3 如若有关主题的材料已经清楚，这里所说的也就足够了。不能期待一切理论都同样确切，正如不能期待人工制品都同样精致一样。政治学考察高尚和正义，但这些概念相互间差异极大，变化多端。有人认为它们只是出于约定，而非出于自然。善自身也同样是多变的。有很多人由于善良而受到损害，有一些人由于财富而遭致毁灭，另一些人则以生命为代价换取了勇敢之名。既然以这样多变的观念为前提，人们也只能概略地、提纲挈领地来指明这一主题的真理性，对于只是经常如此的事物并且从这样的前提出发只能概略地说明。所以，每人都注定了要以这种方式来接受我们所说的每一件事情。因为每个受过教育的人，只能在事物本性所允许的范围内，去寻求每一种类事物的确切性。要求一位数学家去接受一个没有定论的说法，正如要求一个演说家进行证明一样。

每人对自己所知的事情都会作出很好的判断，对于这些事情他是个好裁判员。因而，在个别方面受过教育的人在这方面能够很好地判断，而在一切方面受过教育的人则能够作一般意义上的判断。所以政治学不是青年人本应学习的课程，他们对生活尚无实践经验，而这种理论来自生活经验并说明生活经验。此外，他们还为情感所左右，学不到任何有益的事情。因为这门科学的目的不是知识而是实践。青年人不但在岁数上年轻，而且在品格上也幼稚。他们的缺点不在于少经历了些岁月，而在于纵情使气，在生活上追求那些个别的东西。他们和那些不知约束自己的人一样，对于他们说来知识等于不知，对于那些使欲求服从于理性的人，这门科学在他们的行为和活动上却有所帮助。应当如何进行论证，以及可以设定什么前提，对于所讲者已经足够了。我们暂且先讲这些。

4

让我们再回过头来说，既然一切知识，一切抉择都是追求某种善，那么政治学所要达到的目的是什么呢？行为所能达到的一切善的顶点又是什么呢？从名称上说，几乎大多数人都会同意这是幸福，不论是一般大众，还是个别出人头地的人物都说：生活优裕，行为良好就是幸福。关于幸福是什么是一个有争议的问题。大多数人和哲人们所提出的看法并不一样。一般人把幸福看作某种实在的或显而易见的东西，例如，快乐、财富、荣誉等等。不同的人认为是不同的东西，同一个人也经常把不同的东西当作幸福。在生病的时候，他就把健康当作幸福，在贫穷的时候，他就把财富当作幸福；有一些人由于感到自己的无知，会对那种宏大高远的理论感到惊羡，于是其中就有人认为，和这众多的善相并行，在它们之外，有另一个善自身存在着。它是这些善作为善而存在的原因。对这些互不相同的意见全部加以考察似乎是没有必要的，这里只考察那最为流行、看来有些道理的意见也就足够了。

有的理论自本原或始点开始，有的理论以本原或始点
告终，让我们不要忽略了它们的区别。柏拉图提出了一个
很好的问题，研究的途径到底是来自始点或本原，还是回
到始点或本原？正如在跑道上既可以从裁判员站的地方跑
到端点，也可以反过来跑一样。最好是从所知道的东西开 1095b
始，而所知道的东西有双重意义，或者是为我们所知道
的，或者是在单纯的意义上所知道的。对我们来说，研究
还是从我们所知道的东西开始为好。所以那些想学习高尚
和正义的人，也就是学习政治事务的人，最好是从习性或
品德开始，才可取得成效。始点或本原是一种在其充分显
现后，就不需再问为什么的东西。有了这种习性的也就具
有，或者很容易获得这种始点和本原，对那些与此无缘的
人，请他听听赫西俄德的诗句吧。

自己想过一切的在人中最高，
那些肯听良言的人也算还好，
只有那些自己什么也不想，
对他人什么也不听的人才最糟糕。

5

我从被打断的地方接着说，许多人从生活得出结论，认为善和幸福并不是不可理论的，那最为平庸的人，则把幸福和快乐相等同。因此，他们以生活享受为满足。主要的生活有三种选择，第一种就是我们方才所说的享乐生活，除此而外，另一种是政治生活，第三种则是思辨的、静观的生活。有很多人在过着寄 生的，很明显

是一种奴性的生活，然而，却显得满有道理，因为在名门贵胄中，很多人是萨尔旦那帕罗式的人物。

那些崇尚名声，喜欢活动的人认为善就是荣耀。也可以说，这就是政治生活的目的。然而，对我们所求索的东西来说，这未免太肤浅了。因为这种善更多地在授予荣誉的人那里，而不在被授予荣誉的人。而我们则敢断言，它是某种本己的、固有的、难于剥夺的东西。更进一步说，人们似乎是为了表明自身的善良而追求荣誉，至少是来自明达之人的夸奖和有识之士的赞誉，也就是为了德性的缘故追求赞誉。这就不证自明，在活动家们看来，德性要更好些。甚至可以这样说，在政治生活中，德性比荣誉是更高的目的。看起来，甚至于连德性也不是完善的，因为，
6
1096a 即便在睡着的时候，似乎德性也不消失，或者也有在一生中消极无为的德性。除此之外，那些有德性的人也有时运不济的时候，除非有人进行狡辩，谁也不会说这种倒霉的生活是幸福的。对这种生活就说这么多吧。这些反复的说明也足够了。那第三种生活，即思辨的生活留待以后再加考察。

至于那些敛财者，是在那里受强制而生活着，因为很显然财富不是我们所追求的善，它只是有用的东西，并以他物为目的。这样比较起来，前面所说的东西就更有资格来被当作目的了。它们是由于自身而受到喜爱。但看来它们也并不是就其自身的目的。人们在这里讲了不少道理，还是把它们先放在一边吧。

6

最好对普遍先加讨论，看看争议到底在哪里。尽管这种讨论有点令人为难。因为形式学说是我们所敬爱的人提出来的。不过看来这还是较好的选择，特别是作为一个哲学家，为了维护真理就得牺牲个人的东西。两者都是我们所珍爱的，但人的责任却要我们更尊重真理。那些提出这种意见的人，并不在先后顺序之中制作理念，因此他们提不出数的理念来。善既可以用来述说是什么，也可以用来述说性质，还可以用来述说关系。但是，就自身而言的善和实体在本性上却先于关系，关系似乎是存在的附属品和偶性，所以对于这些东西并不存在共同的理念。

此外，善的意义和存在的意义同样多，它既可用来述说是什么，如神和理智；也可用来述说性质，如各种德性；也可用来述说数量，如适度；也可以述说关系，如有用；也可以述说时间，如良机；也可以述说地点，如良居；诸如此类。这就说明，没有某种东西能是共同的、普遍的、单一的。不然它绝不能适用于一切范畴，而只能用于某一范畴。

此外，凡是就同一理念而言的对象都属于同一科学，那么对于全部善的事物只须有某一种科学。但现在属于同一范畴的对象，却有众多的科学。例如，对良机的把握，在战斗中就属于战术学，在疾病中就属于医疗学。再如适度的确定在营养中属于医疗学，在锻炼中则属于运动学。

有人不禁要问，人们所说的“个体自身”到底想表达 1096b
什么意思。如若人自身和人之间的原理是相同的，那么作为人两者并无差别。如若这样，善之间也同样没有差别，善自身并不因其永恒而更善些，正如长期的白并不比一天的白更白些。

毕达戈拉斯派们在这个问题上，似乎有更为合适的说法。他们把一排在善的行列中。斯潘西波看样子是在追随他们，关于这个问题在别处再说吧。

人们可以这样辩解，他们所说的并不是一切善的原理，而只是在同一形式下就其自身而被追求的善。至于那些造成了善，保卫了善，或阻止了善转化为相反者的东西则因为它们而被称为善，是在另一种意义下的善。善显然有双重含义，一者就其自身就是善，另者则通过它们而达到善。现在让我们撇开那些附加成分来考察就自身而言的
8 善，看一看它们之所以被称为善是否由于单一的理念。什么东西可以被当作就自身而言的善呢？或者是那些不需任何其他理由而被追求的东西，例如思索、观看、某种快乐和荣誉。或者，即使我们由于他物而追求它们，但有人还是把它们当作是就其自身的善。或者除了理念之外，就再没有善了吗？如果这样，形式就会变成无用的东西。如若这些东西都是就自身而言的，那么同一个善的原理必定要显现在这里所有事物中，正如白色既显现于白雪，也显现于白色的画面中。然而，荣誉、明智、快乐虽然同样是善，但它们的原理却各不相同。所以，善并不是由单一理念而形成的共同名称。

其道理究竟何在呢？看起来它们的名称并不是偶然相

同。是因出于同一本原而存在吗？或者是因为都趋于同一目的呢？还是多半来自类比？例如，视觉对身体称为善，理智对灵魂也称为善。其他类似情况也是这样。不过现在还是让我们把这问题放在一边，对这问题的详尽讨论，属于哲学另一分支的范围。对于理念来说情况并不两样，如若善作为共同述语，或单一的、可分离的、自存的东西，那么显而易见，它既不能为人所实行，也不能为人所取得，而我们所探求的，正是这能为人所实行和取得的善。

也许有人认为，对善自身的认识有益于对善的事业的 1097a
实行和取得。例如我们有这样一个典范，就更清楚什么东西对我们是善的；看准它们，捉住它们。这种道理说起来虽然中听，然而与科学的实际并不相合。所有的科学都在追求某种善，并对其不足之处加以充实，而把善自身摆在一边。由于它的帮助是如此微不足道，也就无怪技术家们对它全然无知，而不去寻求善自身了。谁也说不清，知道了这个善自身，对一位织工，对一个木匠的技术有什么帮助；或者树立了善的理念一位将军如何成为更好的将军，一个医生如何成为更好的医生。可是医生甚至于连健康自身也不研究，他所研究的是人的健康，更进一步是个别人的健康，因为他所医治的乃是个别的人。

这个题目就到此为止吧。

7

让我们再回到所寻求的善，看看它到底是什么。每一种行为，每一种技术看起来都各不相同，战术的善不同于医术的善，其他各种技术也莫不如此。每种技术的善是什么呢？就是其余行为所追求的东西吗？它在医术中就是健康，在战术中就是胜利，在造屋术中就是房屋，在其他技术中是其他东西，在所有的行为和抉择中就是目的。一切其余的都为了它而活动。既然在全部行为中都存在某种目的，那么这目的就是所为的善。如若目的是众多的，善也就是它的总和。尽管有这些改变，但原理所达到的结果却是一样的。对此还须作进一步探讨。

既然目的是多种多样的，在其中有一些我们是为了其他目的而选取它。例如，钱财、长笛，总而言之是工具。很显然并非所有目的都是最后的，只有最高的善才是某种最后的东西。倘若仅只有一个东西是最后的，最完满的，那么，它就是我们所寻求的最后目的。倘若有多个目的，就是其中最完满，最后的那一个。我们说为其自身来追求
1097b 的东西比为了他物的东西更为完满。那从来不因为他物而被选取的东西，比时而由于自身，时而由于他物而被选取的东西更为完满。总而言之，只有那由自身而被选取，而永不为他物的目的才是最后的。看起来，只有这个东西才有资格作为幸福，我们为了它本身而选取它，而永远不是因为其他别的什么。

从自足①来看也能得出同样的结论，自足似乎就是终极的善。我们所说的自足并不是就单一的自身而言，并不

① autarkeia。

是孤独地生活，而是既有父母，也有妻子，并且和朋友们，同邦人生活在一起，因为，人在本性上是政治的。在这里也应该有一个界限，如若伸延开去，上到祖先，下至后代，朋友的朋友，那就没有个止境了。这个问题留待以后加以讨论。我们现在主张自足就是无待而有，它使生活变得愉快，不感匮乏。这也就是我们所说的幸福。它是一切事物中的最高选择，我们不能将它与其他的善事相混同。如若相混同那么显然再少加一点善，它就会变得更加受欢迎，因为附加物会使善更大些，所以也就更受欢迎些。幸福是终极的和自足的，它是行为的目的。

不过把幸福称为最高的善，看来是种同语反复。还应更着重地谈谈它到底是什么。如若以人的功能为例，事情也许会更清楚些，例如一个长笛手，一位雕刻家，总之那具有某种功能和行为的人，在他的功能中存在着善和优美，由于他们有着某种功能，所以他们的人也是善和优美的。

为什么在木工和鞋匠那里都有某种功能和行为，而在人却一无所有呢，是他天生无能吗？或者，在眼睛，在手，在脚，在整个的身体四肢似各有功能，在这一切功能之外，还有什么人给予人以共同功能吗？那么这种功能到
底是什么呢？生命对于植物也显得是共同的。要寻求人所 1098a
固有的功能，那就要把生命的生长功能、营养功能放在一边。再下一个就是感觉功能，这是为牛、马和一切动物所共有的。再下来就是有理性部分的活动（在这里，一部分

是对理性或原理的服从，另一部分是具有理性或思索，即进行理智活动)。理性部分有双重意义，我们应该就其为现实能力来把握它，因为这是它的主要意义。如若人的功能就是灵魂根据理性的现实活动，至少不能离开理性，并且，我们说这个人的功能和这个能手的功能并没有什么不同，(例如长笛手和长笛能手，总的说来都是如此。）能手就是把出众的德性加于功能之上。（长笛手的功能是吹奏长笛，长笛能手则把笛子吹得更加优美动听。）若是情况实际如此（我们把人的功能看作是某种生命，它是灵魂的现实功能，合乎理性而活动。如若一个人的功能是优秀美好的，那么他就是个能手。每个人只有在他固有的德性上，才完成得最好)，那么人的善就是合乎德性而生成的灵魂的现实活动。如若德性有多种，则须合乎那最美好、最完满的德性，而且在整个一生中都须合乎德性，一只燕子造不成春天或一个白昼，一天或短时间的德性，不能给人带来至福或幸福。

在这里，让我们对善作一概观，首先勾勒一个略图，以后再往里面添加细节。如若把略图画得很好，那么任何人都可以添加细节把它完成。在这里时间是一个出色的发现者和开拓者，技术就是这样为后继之人所完成，每个人都可补充其不足。且记住以前所说过的话，无须在全部研究中都要求同样精确，这要看那一门科学的主题是什么，要看它所固有的程序和方法。例如一位木匠和一个几何学家都研究直角，在木工这里能用于他的工作就足够了，一个关心真理的人才研究它是什么，具有什么样的性质。在其他方面也是这样，以避免主次不分，使次要的东西盖过主要的东西。

同时也没有必要，对所有的事物都同样找出一个原因，而能够很好地说明它们是怎么一回事也就足够了。例 1098b
如关于始点或本原，只要指出那最初的东西就足够了。始点是多种多样的，有的从归纳方面被研究，有的从感觉方面被研究，有的从风尚方面被研究，还有其他不同的方面、不同的研究。所以，我们必须按照每一始点的本性，并最精确地给它下一个定义，因为这对下一步有重大的影响。行百里者半九十，通过它可影响着研究的许多方面。

8

我们不仅要从已有前提所得的结论来进行研究，还要从有关问题的不同说法来进行研究。全部事物都要和真理相一致，那些和真理不相一致的东西，其谬误很快就会被发现。

善的事物可以分为三个部分，一些称为外在的善，另一些称为灵魂和身体的善，我们说灵魂的善是主要的、最高的善。我们把善看作是灵魂的行为和活动，这乃是个早已存在的、古老而美好的主张，现在的哲学家们也没有不同的意见。在这里，正确地说明了行为和现实活动就是目的，所以，灵魂的现实活动就是善，但不是外在的善。幸福就是生活优裕、行为美好的观点和这一原理完全符合，因为我们已经把它规定为某种好的生活和好的行为。

看起来，我们所要寻求的幸福的各种特质全都包括在这句话里了。有些人说，幸福就是德性，有些人说幸福就是审慎，另外一些人则把智慧当作幸福，还有一些把其中的一项与快乐相结合，至少把快乐当作不可缺少的因素。此外，还有人把外在的好运气也加进来。这一些说法中有的源远流长，主张的人数众多，有的虽出自少数人，但他们是杰出的人物，不过没有一种是完全没有理由的。它们或者在某一点上站得住脚，或者大部分都能得到认同。

这一原理，和那些说幸福即是德性，或某种类似德性的人相符合。幸福就是合乎德性的现实活动。然而，是在占有和使用中把握最高善，还是在品质和现实活动中把握
1099a 最高善，此中却大有区别。因为，一个人可以具有某种品质却不作出好的结果，例如一个睡着了的人，一个感觉迟钝的人。而现实活动却不能这样，它必然要行动，而且是美好的行动。正如在奥林匹亚大赛上一样，桂冠并不授予貌美的人和健壮的人，而是授予参加竞技的人（胜利者就在他们之中），只有那些行为高尚的人才能赢得生活中的美好和善良。

这样的生活自身就是快乐的。快乐是灵魂的快乐，一个人总是对自己所喜爱的事物感到快乐。马使爱马的人快乐。戏剧使观剧的人快乐，同样公正使爱公正的人快乐。总的说来，合乎德性的行为，使爱德性的人快乐。许多快乐是相互冲突的，那是因为它们不是在本性上快乐。只有那些对爱美好事物的人来说的快乐，才是在本性上快乐。

这就是永远合乎德性的行为。所以对这些人来说，它们就是自身的快乐。生活并不把快乐当作附加物，像件装饰品那样，生活在其自身中就具有快乐。不崇尚美好行为的人，不能称为善良，不喜欢公正行为的人，不能称为公正，不进行自由活动的人，不能称为自由，其他方面亦复如是。这样说来，合乎德性的行为，就是自身的快乐。并且它也是善良和美好，倘若一个明智的人，如我们所说那样，对于这些问题都能作出正确的判断，他就是个最美好、最善良的人了。最美好、最善良、最快乐也就是幸福。三者是不可分的，正如德罗斯铭文所说：

最公正的最美好，
适意的莫过于健康常在，
让快乐永远充满胸怀。

所有这一切都属于最高善的现实活动，我们就把它们，或其中最好一个称为幸福。

看起来幸福也要以外在的善为补充，正如我们所说， 1099b
赤手空拳就不可能或者难于做好事情。有许多事情都需要使用手段，通过朋友、财富以及政治权势才做得成功。其中有一些，如果缺少了就会损害人的尊荣，如高贵出身，众多子孙，英俊的相貌等等。若把一个丑陋、孤寡、出身卑贱的人称作幸福的，那就与理念绝不相合了。尤其不幸的是那子女及亲友都极其卑劣的人，或者虽有好的亲友却已经死去了。从以上可知，幸福是需要外在的时运亨通为其补充，所以有一些人就把幸运和幸福等同（有些人则把幸运和德性相等同)。

9

在这里我们讨论这样一个问题，幸福是学到的，获得的，以什么办法培养出来的，还是某个神的恩赐或机遇呢？如若神真给人送过什么礼物的话，我们就很有理由说幸福就是神之所赐了。在人所有的东西中，它是最好的。不过这问题属于另一研究范围。显而易见，即或幸福不是神的赠礼，而是通过德性，通过学习和培养得到的，那么，它也是最神圣的东西之一。因为德性的嘉奖和至善的目的，人所共知，乃是神圣的东西，是至福。它为人所共有，寓于一切通过学习，而未丧失接近德性的欲求的人。人们有充足理由主张，通过努力获得幸福比通过机遇更好，这表明，凡是合乎自然的东西，在本性上就是最好的，正如人工的东西一样。一切原因，特别是那些合乎最高善的东西，都莫不如此。说什么最伟大、最美好的东西出于机遇，这是令人万难接受的。

对问题的定义也许有助于问题的回答。人们说，幸福就是一种合乎德性的灵魂的现实活动，其他一切或者是它的必然附属品，或者是为它本性所有的手段和运用。在本书开头我们就一致同意，政治目的是最高的善，它更多地着重于造成公民的某种品质，即善良和美好的行为。所以，不论是牛，还是马，以及其他动物，我们都不能称之
1100a 为幸福的。因为它们没有一种能分有这种现实活动。出于同样的理由，也不能说孩子们是幸福的，因为年龄的关系

他们没有这样合于德性的行为。对于他们只能说有希望获得至福。还须如我们所说过的，德性是完满的，须终其一生。在一生之中变化多端，随机投缘，一些人气运亨通，到老年却陷于悲惨的境地，正如史诗中关于普利亚莫斯的故事那样。没有人把这样的遭遇和结果叫做幸福的。

10 那么，这是否意味着，人只要还活着，就不能说是幸福的呢？因为梭伦要人们“盖棺定论”。如若作这样理解，那么人只有在死后才幸福吗？这样的看法当然完全荒唐，特别如我们所主张幸福是某种现实活动。我们不甚同意死后幸福的说法，并且梭伦也不是这个意思。他的意思只不过是，一个人在身死以后就能摆脱邪恶与灾难而享其至福。但就是这样的解释也是有争议的。正如活着而无所感觉的人一样，死者也会碰到好事和坏事，例如儿孙们是享受荣华还是遭到侮辱，以及一般而论后代是兴旺发达还是日益败落。但这里依然是疑难重重，尽管一个人一生直到老死都一直享其至福，但从道理上讲，他的后代仍会变化无常。他们之中，有的享受着自所应得的良好生活，有的却完全相反。而且，用不着说，这些后代和祖先之距离是各不相同的。如若后代的生活变化无常，那么死者就会此时变得幸福，彼时变得倒霉，这是荒唐的。而在一定的时间之内，若说祖先不受后代一定的影响，也说不通。

现在再让我们回到以前的难点，从那里也许可能找到解决现在问题的一点线索。如若“盖棺定论”，那就是说当一个人在享其至福的时候，不说他洪福齐天，而是在事情过去了才说。而在一个人幸福的时候，不去说出真实，岂不是荒唐之极吗？人们所以不愿承认活着的人幸福，在于命运的多变，而在他们看来，幸福却应是牢固难变的，1100b 不像机遇围绕着人们往复旋转。一个人如若由着命运摆布，他显然要一会儿倒霉，一会儿幸福，所以我们经常把幸福比做空中楼阁，比做朽木镌雕。或者，听从命运的摆布是不对的吗？在机遇里面并没有善和恶，人的生活却少不了这些，正如我们所说，合乎德性的现实活动，才是幸福的主导，其反面则导致不幸。现在所讨论的问题就是一个证明。在各种人的业绩中，没有一种能与合乎德性的现实活动相比，较之那些分门别类的科学，它们似乎更为牢固。在这些活动中，那享其至福的生活，最为持久，也是最荣耀和巩固的。正因为如此这才难以令人忘记。

所以，像这样的生活，幸福当然是持久而巩固的。因为他是永远地，至少比一切人更多地合乎德性而行动和静观。他能以适当的方式来对待机遇，他是“真正的善良”，“刚正不阿”。

然而机遇也是多种多样，大小不一。有一些微不足道的机遇，不论好还是坏都不足以造成生活的大灾大难。而那些巨大而多发的机遇，如果好的就能使人享其至福（机会的本性就是锦上添花，但对机遇的利用必须美好、娴熟）。如果是坏的，就要带来灾难，破坏幸福的生活，招致痛苦降临，给许多现实活动以障碍。不过，尽管在噩运中，美好的东西仍然投射出光辉。因为人们所以能平心静气地承受那多发和巨大的坏机遇，并不是由于感觉迟钝，乃是由于他们高尚和大度。

如若现实活动在生活中是主导的，如像我们所说那样，那么至福之人就永远不会倒霉了，因为他们从来不会做出卑鄙下流的事情来。作为真正善良和明智的人，我们一切机会都要很好地加以利用，从现有的条件出发，永远 1101a
做得尽可能的好。例如一个好将军要使用他所掌握的部队进行最好的战斗，一位好鞋匠要利用所予的材料做出最好的鞋子，其他所有的行业也都是这样。事情果然如此，一个幸福的人就从来不会倒霉了。当然真若碰到普利亚莫斯的命运，也不能说是个至福之人。这样的人，是不易动摇，难于变化的。因此，他不轻易地离开幸福，除非他有重大多发的坏机遇，偶然的坏机遇并不使他失去幸福。然而幸福一旦失去，就不能在短时间内再把它找回，除非在一整个漫长时间里，获得巨大和美好的成就。

一个完全合乎德性而现实活动着，并拥有充分的外在善的人，难道不能称之为幸福吗？还必须加上，他不是短时间的，而注定终生如此生活，直到末日的来到。不过，既然我们主张幸福是目的，是彻底的完成，那么它究竟如何也就难于说清了。如若这样，我们就可以在有生命的东西中，把已具备和将具备所说条件的称为至福，当然是至福之人。

关于这个问题，就谈这么多。

11

如果说一个人的后代以及所有的亲友的命运都与他完全无关，那也未免太绝情了。同时这也与人们的观点相反。然而机遇种类繁多，各不相同，而且有着不同程度的差异，对每一个都详加分析，不免流于烦琐，而且势必陷于无穷。只来概括地、简略地说一说，也就足够了。甚至一个人自己的坏命运，有的会给生活带来灾难，有的也无关大局。对所有的亲友也是这样。不过，各种苦难不论对生者还是对死者的影响，与悲剧所咏叹的、舞台上表演的不法和罪恶却大有区别。这一区别必须估计到，更应看到，死者到底能否感受善和恶的问题尚未澄清。不过从这些论点看来，即或善恶能触及他们，那么不论就整体而言，还是相对于事物而言这种触动都是十分微弱的。即或不致如此，那么它们的数量和质量也不足把不幸变得幸福，或者把至福之人的幸福剥夺掉。看来，亲友们的善行和恶行对死者确有某种影响，不过不足以大到使幸福变为不幸，或使不幸变为幸福罢了。

12

在这一问题解决之后，让我们再考察一下，幸福到底是种可称赞的东西，还是更高贵，是种可崇敬的东西。显而易见，它绝不能属于潜能。大家知道，一件事物受到称赞，乃是由于它具有对他物可被称赞的性质。公正、勇敢，总而言之善良和德性之为我们所称赞，乃是由于行为和成果。健壮和敏捷以及诸如此类的东西之所以被称赞，乃是由于自然具有某种与善相关的性质和才能。从对于诸神的称赞，也可以证明这一点。正如我们所说，我们称赞诸神，并非由于神对我们是榜样，而是由于他们是他物的榜样。如若称赞是由于属于某物，与某物相关，那么最高的善所受的显然就不是称赞了，而要更加伟大，更加良好。不能像称赞做了件公正事那样来称赞幸福，而是把它当作更为神圣、更为良好的东西，称之为至福。

尤多克索斯对快乐应属于最高善作了很有力的辩护。他的论证是，快乐既然是件好事却受不到称赞，这相反地证明了它高于那些被称赞的东西，它作为神、作为善而存在，其他一切都以它为榜样。称赞针对德性，合乎德性的行为才是高尚的。嘉奖则针对成果，不论是身体方面的，还是灵魂方面的。对这些详加讨论是颂词专门研究的本职工作。从以上所说，幸福显然属于完满和荣耀之类。其所以如此，乃由于它就是始点，它就是本原。正是为了它所 1102a
有的人才做其他的事情。凡是善良事物的原因和本原，我们认为就是荣耀和神圣的。

13

由于幸福是一种完全合乎德性的现实活动，所以对德性的研讨就刻不容缓了。而这种研讨很可能有助于我们对幸福的思辨。而按照真理治邦的人更应注重此项研究。他想把公民变得善良和服从法律（我们要以克里特人和斯巴达人的立法者为榜样。过去也产生过另一些立法者)。如若这是一种政治学的研究，那么用不着证明，就应该以人的德性为研究对象。因为我们所研究的是人的善和人的幸福。不过我们所说的德性并不是肉体的德性，而是灵魂的德性。而我们说幸福就是灵魂的现实活动。若事实果然如此，那么政治家就须对灵魂有某种认识，正如医生要医治眼睛须对整个身体有所认识。而对灵魂的认识尤其重要，和医学相比，政治学则更加高尚，更加良好。那些医学巨匠们是大力投身于对身体的认识的，所以政治家们也同样应该静观灵魂。他应该为了治邦而静观，在研究中也以达到这一程度为满足，超过必要的细节是徒劳无益的。

关于灵魂，在外面有很多的流行说法，不应忽略。譬如说，灵魂有一个非理性的部分和一个理性部分。(这两部分是像身体的部分，以及可分的事物那样真正分开，还是像两个原理，本性上却是不可分的，如凹和凸，现在并不重要。)非理性的部分似为一切生物和植物所共有，我指的是营养和生长的原因，这是一种潜能，包含在一切有营养活动东西的灵魂中，也包含在胚胎中。在那些完满的东西中，如果说包含另一种潜能，还不如说包含同一潜能
1102b 理由更充分些。所以这一德性乃是全体生物所共有的而不是为人所独有。人们认为在睡眠中，这一部分及其潜能的实现活动最为强烈，却无法区别睡眠之人是好人还是坏人(因此，有人便说，一半的人生中，幸福和倒霉是没有区

别的，其所以如此，乃由于在睡眠中灵魂的活动就停止了，从而说不上什么精明和愚钝）。除非在睡眠中，还有些微弱的印象触及人的灵魂，所以善良人的梦较常人为好。关于这些问题再无须多说，不必再考虑营养的部分，因为它不是属于人的本性的德性。

不过看来灵魂还有另一种本性，虽然是非理性的但在某种程度上也分有理性。从有自制能力和无自制能力的人那里，我们可以看到这类灵魂的原理和理性（因为它要求行为正当和更加良好）。而在他们之中，看来天生有某种反理性的东西与理性对立着、搏斗着。仿佛身体的瘫痪部分一样，本打算向右移动，却相反地摆到左边，灵魂的情况也同样。不能自制的欲望总是转到相反方向。不过在身体，我们能看到相反方向的移动，而在灵魂却看不见罢了。在灵魂无疑也有一种反理性的东西，它与理性原理相反，并走向它的反面（至于两者怎样区别，这并不重要）。不过这个因素，如我们所说，看来也还是分有理性的。至少在自制的人那里，它是受理性约束的。至于那些审慎、勇敢的人对理性则更是百依百顺，因为他们与理性本是声气相通的。

非理性的部分是双重的，一部分是植物的，与理性绝不相干。另一部分是欲望，总的说是意向的部分，在一定程度上分有理性。因为它受到理性的约束（在这个意义上我们说是听从父亲和朋友们的道理，而不是数学的道理）。非理性部分能够听从理性，这从劝告以至一切训诫和禁令

1103a 中得到证明。如若非理性的部分也可以称为理性的话，那么理性的部分也可以一分为二，一部分是理性在其中占主导地位的，另一部分只是对父亲般的顺从。

德性也要按照灵魂的区别来加以规定。我们指出，其中的一大类是理智上的德性，另一大类是伦理上的德性。智慧和谅解以及明智都是理智德性。而慷慨与谦恭则是伦理德性。在谈到伦理德性时，我们不说一个人是智慧的或富于谅解精神，而是说他温良、谦恭。一个有智慧的人，由于他的品质而被称赞。我们说被称赞的品质或可贵品质就是德性。

第二卷

1

德性分为两类：一类是理智的，一类是伦理的[①]。

理智德性大多由教导而生成、培养起来的，所以需要经验和时间。伦理德性则是由风俗习惯沿袭而来，因此把“习惯”（ethos）一词的拼写方法略加改动，就有了“伦理”（ethike）这个名称。由此可见，对于我们，没有一种伦理德性是自然生成的。因为，没有一种自然存在的东西能够改变习性。例如，石块的本性是下落，不能让它习惯上升，即使你把它向上抛一万次也不行，同样不能使火焰下降。凡是自然如此的东西，都不能用习惯改变它。所以，我们的德性既非出于本性而生成，也非反乎本性而生成，而是自然地接受了它们，通过习惯而达到完满。

并且，我们自然地接受了这份赠礼，先以潜能的形式

① he arete dianoetike 和 he arete ethike。

把它随身携带，然后以现实活动的方式把它展示出来（在人这是显而易见的，我们并非由于多次看而获得看的感觉，多次听而获得听的感觉，反之，是有了就用，不是用了才有）。正如其他技术一样，我们必须先进行现实活动，才能得到这些德性。我们必须制作所要学习的东西，在这些东西的制作之中，我们才学习到要学的东西。例如，建造房屋，才能成为营造者，弹奏竖琴，才能成为琴手。同样，我们做公正的事情才能成为公正的，进行节制才能成为节制的，表现勇敢才能成为勇敢的。在各城邦所发生的事情，就是例证。立法者们通过习惯造成善良的公民，所有的立法者的意图都是如此，不过有一些做得不好，他们失败了。一个好政体和一个坏政体的区别就在这里。一切德性，都从这里生成，并且通过这里毁灭，正如技术一样。好的琴师和坏的琴师都出于操琴，营造师和其他行业也都仿佛如此。从良好的造屋有了良好的营造师，从恶劣的造屋有了差等的营造师。若非如此，那就不需师傅的传授了，一切工匠生来就有好坏。这一情况同样适用于德性。正是在待人接物的行为中，我们有的人成为公正的，有的人成为不公正的。正是因为在犯难冒险之中，由于习惯于恐惧或者习惯于坚强，有的人变成勇敢的，有的人变成怯懦的。欲望和愤怒也是这样，有的人成为节制而温和的，有的人成为放纵而暴戾的。在这些事情上，有的人这样干，有的人那样干，各行其是。总的说来，品质是来自相同的现实活动。所以，一定要十分重视现实活动的性质，品质正是以现实活动而区别。从小就养成这样或那样的习惯不是件小事情，相反，非常重要，比一切都重要。

2

我们当前所进行的工作，不像其他分支那样，以静观、以理论为目的（我们探讨德性是什么，不是为了知，而是为了成为善良的人，若不然这种辛劳就全无益处了）。所以，我们所探讨的必然是行动或应该怎样去行动。正如我们所说，对于生成什么样的品质来说，这是个主要问题。

我们共同的出发点就是，合乎正确理性而行动。至于什么理性是正确的，以及它与其他德性的关系，这待以后 1104a
再说。前面已经说过，关于行为的全部原理，只能是粗略的，而非精确不变的。正如在开头指出的，原理要和材料相一致。在行为以及各种权宜之计中，正如健康一样，这里没有什么经久不变的东西。如若普遍原理是这样，那么，那些个别行为原理就更加没有普遍性。在这里既说不上什么技术，也说不上什么专业，而只能是对症下药，顺水推舟，看情况怎样合适就怎样去做，正如医生和舵手那样。尽管当前的原理这样无精确性，我们还是要加以补救，尽力而为。

首先让我们来考察这样一个问题，即这些道德规范自然地要被过度和不及所破坏。现在让我们用明显的事物来为这些不明显的事物做例证。我们在体力和健康方面就可以看到。锻炼过多或过少都会损害体力。过多的饮食和过少的饮食都会损害健康。惟有适度才能造成健康，并增进和保持它们。对于节制、勇敢以及其他德性，也是如此。一切都回避，一切都惧怕，什么也不敢坚持就会变成懦夫。反之，天不怕地不怕，横冲直撞就会变成莽汉。有的人沉湎于一切快乐，不能自拔而成为放纵。有的人则如一个苦行者，回避一切快乐而成为冷漠无情的人。这就足以证明，节制和勇敢是被过度和不及所破坏，而为中道所保存。

出于或由于同一些事情，事物不仅可以生成、增长和毁灭，而且现实的活动就在这同一些事情之中。这一情况也适用于那些更为明显可见的东西。以体力为例，体力的强大是来自食量大、锻炼多，而同时体力强的人也就食量大、劳作多。在德性方面也是这样，我们由于不图享乐而变得节制，而在变为节制之人后，我们就更能够回避享乐。这例子也可以用于勇敢，我们习惯于坚定而藐视恐
1104b 惧，就成为勇敢的，在成为勇敢之后就更能够坚定无畏。

3

伴随着活动成果的快乐和痛苦，形成人们品质的表征。一个人避开肉体的快乐，并以回避肉体快乐为快乐，这就是节制，而沉湎于享乐的人就是放纵。一个人在危险面前坚定不移，保持快乐至少并不惧怕，这就是勇敢，如若痛苦不堪，就是怯懦。伦理德性就是关于快乐和痛苦的德性。快乐使我们去做卑鄙的事情，痛苦使我们离开美好的事情。正如柏拉图所说，重要的是，从小就培养

起对所应做之事的快乐和痛苦的情感。正确的教育就是这样。

此外，德性还和行为与感受有关，一切行为和感受都伴随着快乐和痛苦。这样看来德性就要与快乐和痛苦有关了。

大家知道针砭就是从痛苦中来的，这是一种医疗技术。医疗技术是从相反的东西中发展起来的。其次，前面已经说过，灵魂的品质，在本性上和那些使它变好变坏的事物相关联着。快乐和痛苦败坏德性，或者由于在不应该的时间，或者以不应该的方式追求或回避所不应该的东西；或者由于这些东西在原理上作了不同的规定。正是看到了这一点，有些人把德性规定为不承受作用、静止不动的东西。不过由于这话太笼统，所以不见得就好。还应该增加上以应有的方式、在应该的时间之类的条件。我们的基本命题是，伦理德性是一种关于快乐和痛苦的较好的行为，相反的行为就是坏的。

对我们的问题，从这里也可以得到一点启发。有三种东西使人去选取，又有三种东西促人去躲闪。这就是高尚、便利、快乐；相反则是卑陋、有害、痛苦。对于这一切，善良的人做得恰到好处，邪恶的人则陷于失败。而对于快乐则更加如此。快乐为一切生物所共有，它也伴随着一切被选取的对象，因为高尚和便利总是令人快乐的。它从摇篮里就伴随着我们，深深地铭刻在我们的生命中难以消除。我们总是以快乐和痛苦来调节我们的行动，不过有人多一些，有人少一些。正是由于这个缘故，一切事情都必然围绕它进行。所喜欢的是善还是恶，还是感到痛苦，对行为有不小的影响。此外，正如赫拉克利特所说，与快乐做斗争难于与愤怒做斗争。而技术与德性总是与较困难的东西相关联着而生成的，在这里是困难越大，结果也就越好。由此可见，不论是德性，还是政治都以处理快乐和痛苦为己任。对这些事情处理得好的，就是善良的人，处理得不好，就是邪恶的人。

我们可以说，德性以关于快乐和痛苦而存在，由快乐和痛苦而生成和增长，相反则毁灭。同时现实活动也由它们而生成，是关于它们的现实活动。

4

有人会提出疑问，我们何以说做公正的事情才会成为公正，做节制的事情才会成为节制。如若人们做公正的事情和节制的事情，他们已然是公正的和节制的了。正如一个懂文法的人就是有文化的人，懂音乐的人就是有教养的人一样。难道技术不是这样吗？一个人或者出于机会，或者受他人指教，也可以懂一点文法，但只有在以文法方式去做文法工作的时候，他才是个文法学家。这就是说要按照他自身的文法学知识去做。

不过技术和德性也有所不同。由人工制作的东西有它们的优点，它怎样生成，是一个什么样子，就是什么样子。按照德性生成的东西，不论是公正还是勇敢，都不能自身是个什么样子，而是行为者在行动中有个什么样子。

第一，他必须有所知；其次，他必须有所选择，并因其自身而选择；第三，在行动中，他必须勉力地坚持到底。拥 1105b
有人工的东西，除了对它有所知外，就无须这些条件。对德性来说知的作用是非常微弱的，而其他条件却作用不小，而且比一切都重要。因为公正和节制都是由于行为多次重复才保持下来。这些事情，只有在恰如公正和节制的人所做那样做时，才可以被称为公正的和节制的。行为者，并不是由于他做了这些事情而成为公正和节制的，而是由于他像公正和节制的人那样做这些事情。

人们说得好，公正的人由于做了公正的事，节制的人由于做了节制的事，如果不去做这些事，谁也别想成为善良的人。有些人却什么合乎德性的事情都不去做，躲避到道理言谈中，认为这就是哲学思考，并由此而出人头地。这正像病人们，很认真地听医生所说的话，却不做医生所吩咐做的事。正如言谈不能改善就医者的身体状况一样，这样的哲学也不能改善灵魂。

5

在下面我们来讨论德性是什么。在灵魂中有三者生成，这就是感受、潜能和品质，德性将为这三者之一。所谓感受，我说的是欲望、愤怒、恐惧、自信、嫉妒、喜悦、友爱、憎恨、期望、骄傲、怜悯等，总之它们与快乐和痛苦相伴随。我们说潜能就是那些我们由之而能感受的东西，例如由于它们能被激怒，受痛受苦，或激起怜悯之心。品质就是我们由之对那些感受持有美好或恶劣的态度，以激怒为例，如果过于强烈，或过于软弱都是坏态度，如果适中那就是好态度。对其他感受也是这样。

德性和邪恶并不是感受，因为对感受我们并不说高尚和卑下，对于德性和邪恶才这样说。并且对于感受我们既不称赞，也不责备（一个受惊吓、被激怒的人并不受称
1106a 赞，也不会仅仅由于激怒而受责备，关键是他怎样激怒）。只有德性和邪恶才受到称赞和责备。此外，愤怒和恐惧是不可选择的。而德性则是某种选择，至少离不开选择。此外，在感受方面，我们说是被运动，而在德性和邪恶方面，我们不能说被运动，而是以某种方式来安排。由此可见，德性并不是潜能。因为我们并不仅仅因为能够感受而说它好或坏，加以称赞或责备。此外潜能是与生俱来的，我们不能说它自然是善或恶，这在前面已说过了。

德性既不是感受，也不是潜能，那么它只有是品质了。这里我们是从种上讲德性是什么。

6 但是仅仅像这样说德性是品质还是不够的，还要说它是什么样的品质。应该这样说，一切德性，只要某物以它为德性，就不但要使这东西状况良好，并且要给予它优秀的功能。例如眼睛的德性，就不但使眼睛明亮，还要使它的功能良好（眼睛的德性，就意味着视力敏锐）。马的德性也是这样，它要马成为一匹良马，并且善于奔跑，驮着它的骑手冲向敌人。如若这个原则可以普遍适用，那么人的德性就是种使人成为善良，并获得其优秀成

果的品质。这个意思上面已经讲了，如果我们再对它的本性是什么加以考察，这个问题也许更清楚些。

在一切连续的和可分的东西中，既可取其多，也可取
其少，还可取其相等。这一些既可是对事物自身，也可以
相对于我们。而相等就是过多和过少的中间。我所说的是
事物的中间，例如，与两端距离相等之点，这个中点对一
切东西都是同一的。至于相对于我们中间就是既不过度也
非不及，这样的中间不是单一的，也不是对一切是自身同
等的。设若 10 是多，2 是少，那么就事物而言，人们取 6
即是中间，因为 6 减去 2 和 10 减去 6 是相等的，不过这 1106b
是与数学相比而言的相等。若是对于我们而言，却不能这
样办。不能因为 10 米纳的食品多了，2 米纳的食品少了， 33
教练就指定 6 米纳的食品。对于接受者来说这是可多可
少。对于麦隆来说就少了，对初参加运动的人说又多了。
这同样适用于赛跑和摔跤。所以，一切有识之士都在避免
过多和过少，而寻求中间和选取中间，当然不是事物的中
间，而是对我们而言的中间。如若一切科学工作都是这样
来完成的，那么它们就必须瞄准中间，并把它当作衡量其
成果的标准（从而人们对于优秀成果的评论，习惯说增一
分则过长，减一分则太短，这就是说过度和不及，都是对
优美的破坏，只有中间性才能保持它）。如若一位好技师，
如我们所说那样以中间为标准而工作，那么，德性，如自
然一般，要比一切技术都准确和良好，所以它就是对中间
的命中。

我所说的是伦理德性，它是关于感受和行为的，在这里面就存在着过度、不及和中间。例如一个人恐惧、勇敢、欲望、愤怒和怜悯，总之，感到痛苦和快乐，这可以多，也可以少，两者都是不好的。而是要在应该的时间，应该的境况，应该的关系，应该的目的，以应该的方式，这就是要在中间，这是最好的，它属于德性。在行为中同样存在过度、不及和中间。德性是关于感受和行为的，在这里过度和不及产生失误，而中间就会获得并受到称赞。这两者就是德性。德性就是中庸，是对中间的命中。此外，过失是多种多样的（正如毕达戈拉斯派所猜想，恶属于无限，善属于有限）。正确只有一个（所以，有的事容易，有的事困难，打不中目标容易，打中目标困难）。由此可以断言，过度和不及都属于恶，中庸才是德性。

单纯是高尚的，杂多即丑恶。

德性作为对于我们的中庸之道，它是一种具有选择能
1107a 力的品质，它受到理性的规定，像一个明智人那样提出要求。中庸在过度和不及之间，在两种恶事之间。在感受和行为中都有不及和超越应有的限度，德性则寻求和选取中间。所以，不论就实体而论，还是就是其所是的原理而论，德性就是中间性，中庸是最高的善和极端的美。

并非全部行为和感受都可能有个中间性。有一些行为和感受的名称就是和罪过联系在一起的，例如，恶意、歹毒、无耻等，在行为方面如通奸、偷盗、杀人等，所有这一切，以及诸如此类的行为都是错误的，因为其本身就是

罪过，谈不上什么过度和不及。它们任何时候都不会被认为是正当的，永远是罪过。关于这类事情也没有什么好和不好，没有什么是否去和应该去的妇女，在应该的时间，以应该的方式去通奸，而凡是做这样的事情就是罪过。这正如认为在不义、怯懦、荒淫中存在着什么过度、不及和中间一样。如若这样想，那就等于说存着中间的过度和不及，存在着过度的过度和不及的不及一样。这正如节制和勇敢也不存在过度和不及，因为在这里中间也就是某种意义的极端。所以，前面那些行为就既无过度和不及，也无中间，只要这样做就是罪过。因为既不存在过度和不及的中间，也不存在中间的过度和不及。

7

我们这种研究不应该只谈论普遍的东西，也要注重那些个别德性的原理。在关于行为的诸原理中，那些普遍原理比较共同适用，但是那些部分的原理却有更大的真理性。因为行为是关于个别事物的，所以我们也应该与它们保持一致。让我们对这些个别德性作一个图解。 1107b

在恐惧和自信之间是勇敢。一个人若天不怕地不怕，也就无以名之（有许多东西是无名的）。一个人由于过度自信就变成鲁莽，一个人由于过度恐惧又自信不足，就变得怯懦。至于快乐和痛苦这里不是指全部，更少是指痛苦。它们的中间性是节制，过度快乐是放纵。我们很少看到快乐不及的人，因此像这样的情况尚没有什么名称，姑且称之为感觉迟钝。在财富的接受和支付上，中间性是慷慨，过度了变成挥霍，不及了变成吝啬。这两种人的过度和不及是相反的，吝啬的人在收入上是过度的，在支付上是不足的。挥霍的人则相反，在收入上是不足的，在支付上是过度的。

现在我们只是概括地说一说主要方面，在这里也就足够了，对它们以后再详加分析。

在财富问题上尚有其他的性格，中庸是大方（大方的人和用钱慷慨的人是有区别的，一个是关于大量财富，一个是关于少量财富）。过度了就成为无度，不及了则是小气。这些性格和那些与慷慨相对立的性格是有区别的，至于怎样相区别，这待以后再说。名誉和不名誉的中间性是淡泊，过度了就叫做好名，不足了就叫做自谦。正如所说

过的慷慨与大方相联系，只是相关的财富多少有所不同。也有某种性格与淡泊相联系，淡泊所涉及的是高大的名誉，而这种行为所涉及的是微渺的名誉。追求名誉也有应当、过多和过少。过度地追求名誉的人称之为好名，不及的称之为逃名，而中间的人则无以名之，所以，这种性格也没有名称，除非把好名叫做爱名。所以，那些极端就要
1108a 占据中间的位置。有时把中间性称为好名，有时又称为不好名，因为我们有时称赞好名之人，有时又称赞不好名之人。这由于什么原因，以后再加说明，现在让我按既定方式讲述其余。

对愤怒也同样有过度、不及和中间，而且几乎没有名称。且把他们中居于中间的人称为温和的，而把中间性称

为温和性，至于在两极端中，过度的叫做盛怒，不及的叫做无血性。另有三种中间性，虽然相互类似但也有区别。它们都是见之于行为和言谈的。其区别在于，有的是关于在言谈和行为中的真理的，有的是关于快乐的。这里又分为两类，一者在社交之中，一者在生活的全部享乐中。对于这一些应进一步谈谈，以便更进一步阐明在万物之中，中间性应受到称赞，而极端既非正确也不应受称赞，而是应受责备。不过在它们之中有许多是没有名称的，我们要像在别处那样，应该做出努力为它们命名，把它们区别清楚，以便于讲下去。

对于真的东西来说中间就是真的，让我们说中间性就是真理。在造作中夸大的造作是夸张，而有着这种性格的就是吹牛的人，不及是贬损，有这样性格的是爱挑剔的人。社交的快乐中的中庸是好客，过度了就变为奉承，有这样性格的人就叫做好奉承的人，不及就是生硬，具有这样性格的人为人生硬。至于其余生活中的快乐，应该享有的就是友谊，其中间性是友爱，其过度，如不是有所为的是附和，如若贪图便宜，则是谄媚。一个人缺少快乐或在全部生活中没有快乐，那就是爱争吵。

在感受之中，和对于感受也有中间性。在这些人当中有的人被称为中和，有些人过度，一个喜欢羞涩的人，对每件事情都脸红。有些人则不足，对一切都满不在乎，以
至无耻。谦逊的人则在两者之间。义愤是忌妒和恶意的中 1108b
间性，它是对邻里遭遇所感到的快乐和痛苦。义愤的人对

那些不应得的好运感到痛苦。忌妒的人则超过他，对一切好运都不胜痛苦，而恶意的人，已经不是痛苦，而是对别人的痛苦怀着幸灾乐祸之心。对这些情况，我们还有机会在别处讨论。对公正是不可笼统谈论的，我们打算谈完了其他之后，再把它分为两类，指出为什么这两类公正都是中间性，正如我们对理智德性那样。

8

有三种性格[①]，两种是恶的，其一是过度，其一是不及，一种是中间性。每一种都以某种方式和另外两种相反对。两个极端与中间相反对，而它们之间又相互反对，中间也和两个极端相反对。正如相等对多来说是少，对少来说是多。在感受和行为中品质也是这样。中间品质对于不及的是过度，对于过度的是不及。对怯懦者来说，一个勇敢的人是鲁莽的，对于鲁莽的人来说又是怯懦的。同样，对于感觉迟钝的人来说节制是放纵了，对于放纵的人来说又是感觉迟钝。一个慷慨的人对于不慷慨的人来说是任性，对任性的人来说又是不慷慨。所以两个极端，每一端都想把中间推向另外一个极端。怯懦的称勇敢的人为鲁莽，而鲁莽的又称他为胆怯。这个例子也适用于其他。

这样看来，三者之间是相互对立的。而两极端的对立则是最大的对立。因为两端之间相互的距离要比对中间的

① diatheseis。

更远。例如大和小，小和大，两者的距离都比对中间更远。有些极端显得与中间相似，如鲁莽和勇敢，任性与慷慨。距离最大的事物被定义为对立，所以，更大的对立也就相距更远。

在一些情况下不足与中间更加对立，在另一些情况下 1109a
过度与中间更加对立。例如和勇敢相对立的，不是作为过度的鲁莽，而是作为不足的怯懦。和节制相对立的不是作为不足的感觉迟钝，而是作为过度的放纵。这种情况的产生由于两个原因，一个是出于事物自身，由于一个极端相近于或相似于中间，于是我们就认为不是这个而是相反的那个更为对立。例如鲁莽似乎和勇敢很相近，怯懦却大不相同。所以，我们就把它当作更大的对立。与中间距离越大就显得对立越大。从而，一个原因来自事物自身，而另一个原因则来自我们自身。对于那些我们认为自然而然的事情，就显得与中间对立更大。例如我们本来就倾向快乐，所以我们易于转向快乐，我们说在这里给予的东西更为对立。这就是为什么作为过度的放纵，是与节制的更大的对立。

9

已经充分地说过了，伦理德性就是中间性，以及怎样是中间性，中间性在两种过错之间，一方面是过度，另一方面是不及。它所以是这样，因为它就是对在感受和行为中的中间的命中。所以，在每一件事物中找到中间，这是种需要技巧与熟练的事业。例如，并不是所有的人都能找到一个圆的中心，而是那有知识的人。再如，任何人都会发怒，任何人都会收入银钱和支付银钱，但知道应该对谁，在什么时候，用多少数量，应该为什么，以什么方式，就不是那么容易了。所以把这件事做好是难得的、值得称赞的、高尚的。因此，首先应避开与中间对立较大的极端，命中中间，正如卡鲁扑索所劝告的那样：

牢牢地把住我们的战船，
让它既保持在岸边细浪之外，
又不被深海的狂涛打翻。

在极端之中，有的危害大一些，有的危害小一些。所以，准确地命中中间是困难的。人们说，不得以求其次，这就是两恶之间取其轻。我们所说的，就是以什么方式最
1109b 好地做到这一点。其次还应该研究我们所期求的东西，我们由于本性而倾向不同，这一点从在我们周围所发生的快乐和痛苦就可以认识到。我们必须把自己拉向两个对立的方面。因为我们的航线必须避开所面临的恶事，而航行在中间，这是木工们把曲木裁直所用的方法。而最重要的是警惕那些引人快乐的东西和快乐。因为对它我们并不是可信的裁判者。在这里，我们对快乐的感受，应该像老年人对海伦的感受一样，不论在什么时候，都要记住他们的话，如若能把她送走，我们就会少犯错误。做了这件事情如所扼要讲述的，我们就最有可能命中中间。

这件事情同样是困难的，而在个别情况下就更加困难。譬如决定以什么方式，对什么人，以何理由，须多长

时间才应该发怒是不容易的。实际上，我们有时对不及加以称赞，说这是温文尔雅，有时又称赞那些爱发脾气的人，说这是男子气概。那些少许偏离正路的人，并不受责备，多一点也好，少一点也好。但若走得太远，也就遮盖不住了。但一个人做事错到什么程度，有多大影响才受到责备，这也是很难用什么原理规定的。感觉的东西是难以规定的，它们总是在个别情况之下，而决定又是在感觉之中。问题这就清楚了，在一切可称赞的感受和行为中，都有着中间性，不过很可能有时要偏向于过度，有时又要偏向于不及，我们很难命中中间，行为优良。

第 三 卷

1

1109b30 德性既然是关于感受和行为的，所以对于那些自愿的行为就赞扬和责备，对那些非自愿的就宽恕，有时候甚至怜悯。所以在研究德性的时候要对两类行为加以
35 区别。立法者进行嘉奖和处罚时这也有用处。

非自愿行为的产生，有时是由于强制，有时是由于无
1110a 知。强制的始点是外来的，行为者对此无能为力，而是被动的，例如被巨风吹到了某处，或者受制于他人。但有些行为到底是自愿的还是非自愿的，则莫衷一是，例如由于
5 惧怕更大的恶事，或者由于好心而做了某件事情，倘使一个暴君控制了他的父母及子女，而让他去做可耻的事情，如若做了自己的亲属就得救，不然他们就要被处死。在风暴的遭遇中，也会碰到类似事情，绝没有人自愿地抛弃个
10 人的财物，凡是有理智的人，就要搭救自己和同伴。这些行为是混合的，但更接近于自愿。因为在行为中，他们做

了选择。行为的目的是由时机来决定的，只有在做的时候，才可以说哪是自愿的，哪是非自愿的。他的行为是自愿的，因为运动身体器官部分的开始之点，在他自身之中。那些在自身中具有运动始点的人，做与不做都由他自己。自愿行为，也可以说是非自愿的，总的说来，也许是非自愿的，因为每个人就其自身都不会愿意这类事情发生。

这样一些混合行为有时要受到称赞，尽管它们是耻辱的和痛苦的，但换来的却是伟大和光荣。但如果没有或很少有高尚的意图，这些行为就只是可耻的，应受到责备了。有时候有人做了不应该做的事情，虽然不受到称赞，但是却可原谅，假如他受到了超过了人性的限度、为人所不可忍受的压力的话。还有些行为是不可强制的，与其去做这种事情还不如去死。在欧里庇德斯的戏剧中，阿尔克迈翁强迫着儿子杀母亲，看来就是可笑的。在有些时候应该选择这样还是那样，应该坚持这样还是那样，乃是件不容易的事情。而更加不易的是坚持自己的决断，因为在大多数情况下，被命令去做的事情总是痛苦的，被强制去做的事情总是可耻的。所以，受嘉奖还是被处罚，也要看人们是否受到强制而定。 1110b

那么，什么叫做强制呢？总的说来，就是行为的原因在行为者之外的那些事情中，而对此行为者是无能为力的。某些行为就其自身是非自愿的，然而行为者却可选择这个而不选择那个，行为的始点是在他之中，这种行为自身是非自愿的，现在对或此或彼的选择却是自愿的，似乎更多是自愿。而行为总是在个别事物之中，这种行为总是自愿的，到底为什么选取这样，而不选取那样，这是难于证明的。因为个别事物为数众多又相互差异。或者说，快乐和美好的事情是强制的（强制性是外在存在），那么一切行为就都变成强制的了，因为，所有的人都为此而做所有的事情。强制和非自愿是痛苦的，而快乐和美好的事情则是快乐的。而且只以原因在外面为理由是可笑的，而应说我们太容易被俘虏，把美好的事情归于自己，把丑恶的事情归于快乐。看来强制就是始点在外面的东西，被强迫者对此无能为力。

出于无知的行为，任何时候都不会自愿，然而只在引起痛苦和悔恨时才是非自愿的。一个人由于无知而做了某件事情，但对于这种行为并无内疚之感，这就不能说是出于非自愿。然而又由于他无所知，也就不能算做自愿，因此他并不对此感到痛苦。那种出于无知的行为带有愧悔之感的称为非自愿，而那没有愧悔之感的，是另外一种，让我们姑且称之为无自愿吧，为了加以区别，最好两者各有自己的名称。然而那种出于无知的行为和一个无知的人所做的事情似乎并不相同。一个酒醉的人和盛怒的人所做的事情，就不被认为是出于无知，而是由于我们以上所说的情况，虽然他们并不是无所知，然而还是无知。所有的恶棍都不知道他们所应该做的事情，并且避免去做，由此他犯了不义之罪并成为恶人。然而非自愿一词，原不是某个人对有益之事的无知。在选择中的无知并不是非自愿的原因（而是罪恶的原因），不是普遍的无知（由此人们受到责备），而是个别的无知。不知道行为的条件和对象，所以是可以原谅和怜悯的。一个对这一切都不知道的人，自 1111a
然非自愿而行动。

也许最好对它们的性质和数目加以区别。一个人可以无知于他是什么人或他在做什么，对什么人和什么事而行动，关于什么和在于什么，有时候还要追问使用什么，如工具，为了什么，如救人，以什么方式，如温和的还是激烈的。一个人除非疯狂了，否则就不会对这些条件都全然不知。什么人在行动那就是他自己，有的人可能不知道他在做什么，如人们说，“不知所云”，或者说，“他并不知道这是个秘密”。例如埃斯库里斯所说的奇闻。或者就是想有所表现，像发石弩那样无目的地乱打。人们说像麦罗毕那样，把儿子当作敌人。他会把尖锐的矛头看作戴帽的，把一块石头当作泡沫石。他用药救人却把人毒死。或者想轻轻推一把，却把人击毙。凡是与此类似的行为都是无知的。在这里，对任何一件事的无知，他的行为都是非自愿的。特别是那些与此相关的，最主要的东西就是在这里的行为及其何所为。像这样的无知就被称为非自愿，不过它还应该是痛苦的，并在愧悔之中。

非自愿行为是被强制的或由于无知。而自愿行为的始点则在有认识的人自身之中，他对在其中生活的事物逐一认识。把那些出于激情和欲望的行为称为非自愿似乎是不对的。首先，其他的动物都没有自愿的行为，孩子们也没有。其次，为什么我们出于激情和欲望的行为不能是自愿的呢？也许高尚的行为是自愿的，而卑劣的行为是非自愿的？既然出于同样原因，这样的区别是可笑的。而且说对某物的期求是非自愿的岂不荒唐。人们应该有所期望，有所欲求，例如对健康和学习，而且非自愿是痛苦的，期求是快乐的。再次，由于推理和由于激情所犯错误有什么区别呢？两者都是应该避免的。非理性的感受也同样是人的
1111b 感受，来自激情和欲望的行为，显然同样是人的行为，把它们看作非自愿则毫无道理。

2 在区别了自愿和非自愿之后，我们进而对选择进行研究。它显然是德性所固有的最大特点，它比行为更能判断一个人的品格。

选择显然是自愿的，但两者并不等同。自愿的意义更广一些。儿童和其他动物都可以自愿活动，但不能选择。还有那些突发的行为，我们可以说是自愿的，但并不是选择。有些人把选择等同于欲望、激情、意图以及某种意见，看来都是不对的。

选择并不为非理性的东西所共有。那些不能自制的人按照欲望来行动但不能选择。有自制能力的人则相反，进行选择，却没有欲望。欲望可以和选择相反，欲望却不能和欲望相反。欲望的对象可以是快乐的，也可以是痛苦的。选择则既不是痛苦的，也不是快乐的。激情就更加不

同了，出于激情的事情和出于选择的事情相距甚远。

选择也不是意图，虽然两者显得很相近。选择绝非对不可能的东西的选择，若有人说他对不可能的东西作出了选择，那就是个白痴。意图则可针对不可能的东西，例如不死。意图可以是不通过自己行为而得到的东西，例如在竞赛中某个演员和运动员获胜。选择则不能这样，它只能选择那些通过自己的活动可以发生的事情。此外，意图更多是对目的，而选择则是怎样达到目的。例如我们意图得到健康，选择则是通过什么办法达到健康。我们不说意图幸福，而说我们选择幸福就不妥当了。总之选择总是我们力所能及的事情。

选择也不可能是意见。意见是关于一切的，它既可对我们力所能及的东西，也可对永恒的和不可能的东西。意见只有真和假、对和错的区别，而没有善与恶的区别。所以总的说来，似乎没有人把它看作和意见是一样的。它也不能和某一种意见相同，因选取善还是恶，可以使我们成 1112a
为什么样的人，意见则不能这样。我们选择的是对某一事物的取得还是回避。意见则是对某物是什么或者它对什么有利，或者以什么方式。意见则不大过问去取得还是去回避。人们由于选择应该的事情而被称赞，意见则是对似以为真的事情。我们选择那些我们知其为善的东西，意见则对那些并不完全知道的东西。人们认为最善于选择的人并不是那些善于提出意见的人。而有些人善于提出意见，但由于邪恶却选择了所不应该的事情。至于意见是否先于选择而生成，还是两者相并而行，这并不重要，我们所研究的不是这个问题，而是选择是否就是某种意见。

既然选择不是以上所说的那些东西，那么它到底是什么呢，属于哪一类呢？它显然是自愿的，但并非一切自愿行为都是选择。那么选择就是一种先在的考虑吗？因为选择总要包括着推理和思索，而选择这个名称就意味着先在于他物而择取。

3

人们是在考虑一切，而一切都在考虑之内呢，还是有些事情不成为考虑的对象？我们所说的考虑对象，似乎并不包括疯狂人和蠢人所考虑的事情，而只包括有理智的人。没有人去考虑永恒的东西，例如去思考宇宙，或者正方形的对角线和边之间的不可通约。没有人去考虑以同一方式而发生的运动。这种运动既可出于必然，也可出于本性或其他的原因。例如月食和日出。也不考虑以同一方式经常出现的东西，例如阵风和骤雨。也不去考虑偶然的东西，如掘园而得宝。因为这些事情的发生，都不是我们力所能及的，我们能考虑和决定的只是我们力所能及，行所能达的事情（所剩下的也只有那些把自然、必然和偶然当作原因的东西，理智和人为的东西了）。就是人间的事务也不能全部加以考虑，例如没有一个斯巴达人
1112b 考虑去给斯库西亚人订立最好的政体。每个人所考虑的都是通过自己行为所能达到的东西，并不是对科学怎样严格，怎样自足的考虑，例如不去思考文法（词和字母的拼写）。

我们所考虑、所计议的是那些出于我们，而并非永远如此的事情，例如关于医疗上、经商上的事情。考虑体育训练就不如去考虑航海，因为航海不能准确预测，其他事情也都是这样。人们对技术的考虑多于科学，因为技术更难决断。考虑、计议的是那些大多如此，其后果不可预见的事情。对于那些重大的事情，我们不敢相信自己能做出充分的决断，就得约请其他的人来共同考虑、计议。

我们所考虑的并不是目的，而是那些达到目的的东西。一个医生所考虑的并非什么是健康，一个演说家并不考虑什么是说服，一个好的政治家并不考虑什么是好法律的制订，其他人也不是考虑目的。而是树立一个目的，去探求怎样和通过什么手段来达到目的。如若出现了多种手段，那就要寻求通过哪个更容易、更有把握。如若只有一种，那就考虑，怎样利用这一手段去达到目的。而这一手段又要通过某种手段，一直达到最初因，它就是寻求的终极（因为进行考虑的人，似乎像所说的那样寻求以某种方式来解剖一个图形）。但看来并非所有的寻求都是考虑、计议，例如数学的寻求，而所有的考虑都是寻求。并且分析的终端，就是生成的始点。如若恰巧碰到不可能的事，那就放弃，例如需要钱却弄不到钱。而所谓可能的，就是说那些事物由我们而生成，由我们的亲友，在某种意义上也是由我们，因为本原和始点总是在我们这里。人们所寻求的，有时是工具，有时是如何利用这些工具，在其他情况下也是如此。有时是利用什么，有时是以什么方式来利

用它。正如上面所说的那样，人似乎是行为、实践的始点或本原。考虑就是对自身行为的考虑。各种行为都是为了
1113a 他物，所以，考虑的并不是目的，而是那些达到目的的东西。也用不着去考虑那些个别的东西，例如这块饼是否按应该的样子烘出来，这是感觉的事情。如考虑不断继续下去，那就会步入无穷。

考虑的对象也就是选择的对象，除非选择的对象是规定了的，因它已经是出于考虑，已经是被选择了的东西。一个人如果把行为的始点归于自身，并成为自身的主导部分，那么也就用不着去寻找行为的方式了。这在古代政体中是明显的。如荷马所描写的那样，君主总是向人民宣布他的决定。既然选择的是我们通过考虑所期求的对象，那
50 么，选择也就是我们经过考虑力所能及的期求。从考虑所产生的决断、期求须合乎考虑。

以上就是对选择所作的简要说明，它是什么东西，并以那些达到目的的东西为对象。

4

愿望却是有目的的，有人说，某些人所愿望的是真正的善，另一些人所愿望的只是些显得为善的东西。然而，那些说他们所愿望的是真正的善的人，如若不能正确选择，可能事与愿违（即或所愿望的东西将来会善，那么在这种情形下，它过去是恶）。那些说他们以显得善的东西为对象的人，并不是以事物的本性为对象，而是以对个别人所显现的为对象，所以也就因人而异了。那

么在这种情况下，也就是对立的。

如若这些说法都不能令人满意，那么，总的来说，合乎真理的愿望就是真正的善，而个别人的愿望就是显得善。对那些明智的人，愿望总是合乎真理的，对那流俗之人只能碰机会。（在身体也是这样，那些体质好的人，凡是有益的食品都增进健康，那些体质差的人则需不同的食品，苦的、甜的、热的、硬的等等都是这样。）因为每个明智的人的判断都是正确的，每件事物中的真理都向他显现。每一种品质都有自己的美好与快乐，而最大的区别似乎就是明智的人能在每一事物中看到真理。所以，他们就是准则和尺度。许多人似乎是被快乐引入歧途，他们看来是善的，但并不是。人们都把快乐当作善来选择，把痛苦 1113b
当作恶来逃避。

5

既然愿望是有目的的，而达到目的的手段则依靠考虑和选择，那么与此相关的行为就要合乎选择，并且是自愿的。各种德性的现实活动，也就是关于手段的活动。德性是对我们而言的德性，邪恶也是对我们而言的邪恶。我们力所能及的事，可以做也可以不做。在我们能够说不的地方，也能够说是。如若高尚的事情是由我们做成的，那么丑恶的事情就不由我们来做。如若我们不去做高尚的事情，那么，丑恶的事情就是由我们所做。如果我们有能力做高尚的事情和丑恶的事情，我们也有能力不去做。行为既可以是对善事的行为，也可以是对恶事的行为，那么，做一个善良之人还是邪恶之人，也是由我们自己决定的。俗语说：

无人自愿作恶，也无人不自愿享福。

不过这句话一半是对的，另一半则是错的。没有人不自愿享福，这当然，作恶却是自愿的。若不然，我们的话就自相矛盾了。就不能说，人是自身行为的始点和生成者，正如对孩子一样。因此，在我们自身的始点之外，我们找不到其他的始点。行为是我们的行为，是自愿的行为。

在私人生活和立法工作中都可以找到这方面的证据。他们惩罚和报复那些作恶多端的人，除非他们是被强制，或者是出于无知，而奖赏那些做好事的人，以便鼓励他们并警诫其余的人。没有人能鼓动我们去做力所不及、自非所愿的事情。正如不能说服人不去感受温暖、痛苦和饥饿一样。不管怎样说，我们仍然要感受它们。

如若无知果真是过错的原因，那么它自身就应受到惩罚，例如酒醉的人犯了过错应受到加倍的惩罚。因为始点就在他自身之内，如果清醒他就可以自主，无知是他过错的原因。一个人如果由于对应该知道、又不难知道的法律[1114a]规定无知而犯过错，就应该受到惩罚。在另外的情况下，有些人由于粗心大意而不知道，如此就不能说他是无知，他完全可以主宰自己，而不是粗心大意。

也许有人生来就粗心大意，生活懒懒散散，但仍然要对自己的不义和放荡负责。因为他们空耗时间，过着沉迷的生活，一个人如果经常去做一件事情，他就变成那个样子。人们若打算参加竞赛或者什么活动，就显然必须持续不断地去做。只有那真正无知的人，才不知道道德品质是一定现实活动的产物。如若一个人并非不知自己的行为会产生不义，那么他就是一个自愿的不义之人。此外说一个行不义之事的人并非自愿，说一个放荡的人并非自愿当然毫无道理。但这并不意味着，只要他愿意就不再是不义的，而是正义的了。一个病人也不能随意成为健康的人，虽然很可能他生病是自愿的，在生活上没有节制，又不听从医生的劝告，如果在当时能自己检点的话，他本来可以不招致病灾。但现在就一发难收了，正如一块扔出去的石头不能再拉回来一样。但把石头拾起来并扔出去还是由于自己，开始之点是在人们自身之内。那不义之人和放荡之辈也是如此。在开始，他们本来可以不成为此等模样，然而既然他们自愿，也就无力加以改变了。

不但灵魂上的恶是自愿的，在某些情况下，身体上的恶也是如此，并且受到责怪。没有人去责怪一个天生丑陋的人，而责怪那些因不锻炼和不慎重而导致如此的人。对于伤残人也是这样，谁也不会去嘲笑一个生而盲目或因疾病、打击而失明的人，却都在责怪那些因纵酒和放荡而致盲的人。所以，凡是由我们自己而造成的身体上的恶，都要受到责备，而我们无能为力的就不受责备。这样看来，我们力所能及的恶，都要受到责备。

或者说，人们所追求的都是些显得是善的东西，对这些表象他们无主宰能力。每个人是个什么样的人，对于他

1114b 目的也显得是这个样子。如若每个人对自己的品质负责，因此在某种意义上也要对自己的表象负责。若不然人人都可以对自己的恶行不负责了。他之所以这样做，是由于对目的的无知，认为这样做会给他带来最大的善，或者身不由己，才以此为目的。人生来似乎应该具有一种像视觉那样的洞察力，以便正确地判断，选择真正的善。一个人如果生来就赋有这般美好的能力，他是个生而优秀的人。凡是最伟大的东西，最高贵的东西，既不能从他人取得，也不能从他人学到，而是天生的东西。如若生而具有这样优越而美好的能力，也就是生而具有完全和真正的道德品质。

如若这种意见是真的，那么德性何以比邪恶更自愿一些呢？不论对于善良之人，还是邪恶之人，两者都是一样的。目的不管是什么，都是天生就规定下来的。人们的行为不管是什么，都是向着这一目的。对每个人目的是否因自然而显示为那个样子，其中总有一部分是依靠人自身。即或目的是自然的，一个明智人的行为也都是自愿的，所以德性也是自愿的。恶人是在行为之中，而不是在目的之中，也同样有出于自身的东西。如若德性是自愿的（在某种意义上我们自身是品质的伴随原因，而我们是些什么样的人，也就树立什么样的目的），那么邪恶也同样是自愿的。

我们已经说明了德性的共性，概略地讲了讲它的种，它是中庸和品质。它们能使我们合乎它们的要求而行动。

所以，似乎它们也为正确的理性所指使，是我们力所能及的，是自愿的。然而行为并不是自愿的，正如品质一样。我们的行为从头到尾都为我们所主宰，而个别环节也有所知。对于品质虽然开始可以主宰，但对它的进程我们就无所知了，正如病情的发展那样。然而，由于我们能这样或那样来利用它们，所以还是自愿的。

现在让我们来谈一谈个别的德性，它们是什么，以什么方式，以什么为对象。弄清楚这些问题，也就知晓德性有多少了。

6

首先探讨一下勇敢，它就是恐惧与鲁莽的中间性，这用不着多说了。我们所怕的当然是那些可怕的东西，总的说来就是恶。所以恐惧可定义为对恶的预感。所以一切恶都是可怕的，例如耻辱、贫穷、疾病、孤独和死亡。但勇敢似乎并不完全以这些事物为对象，有些事情是应该惧怕的，惧怕是高尚，不惧怕则是卑劣，例如耻辱，对耻辱惧怕的人是高尚的人和知耻的人，而不惧怕耻辱就是个无耻之徒了。有些人被称为勇敢是转义的，他和勇敢的人有某些相似之处，因为一个勇敢的人是不会恐惧的。

贫穷当然是不应该惧怕的东西，疾病也没有什么可怕。总之，凡是不来自邪恶并由于自身的东西都不可怕。然而对这一切都不怕的人，并不就是勇敢（说他们是勇敢是就其相似而言）。有些人在战斗中是怯懦的，但在金钱上则很慷慨，面对损失并不惊惶失措。一个人并不因为惧怕得罪妻子，惧怕忌妒以及诸如此类的事情而成为怯懦，也不因在挨鞭打时能忍耐而成为勇敢。

那么，勇敢跟什么样的可怕事情相关呢？是对那些最巨大的事物吗？一个勇敢的人比任何人更加临危不惧，而最可怕的事情莫过于死亡了。它是一个界限，对于死者来说，既没有什么善，也没有什么恶。然而即便对于死亡，也不是在所有情况下都算得上勇敢，例如，在海难和病中。那以，在什么样的情况下才算勇敢呢？也许是在最高尚的情况下？那些在战斗中死亡的人，是勇敢的人。因为他们所经历的危险是最伟大、最高尚的。这一点是众所周知的，不论是城邦还是王国都对他们加以奖赏。所以，勇敢就是无畏地面对高尚的死亡，或生命的危险，而最伟大的冒险莫过于战斗。

1115b 勇敢者在海难和病中无畏，然而和水手们并不一样。前者以为得救无望，只求一死以为解脱，水手们则由于经验而满怀希望。一个勇敢的人，在危险中要奋力自卫，或者高尚地死亡。但在毁灭性的灾难中，这两者都不能做到。

7

可怕的东西并非对所有人都同样可怕，我们说有超过人所忍受的东西。这种东西也许对所有有理智的东西都是可怕的。另一些在大小和程度上则因人而异（有一些甚至于起鼓舞作用）。一个勇敢的人作为人应该坚忍不拔。他有时甚至对不超过忍受限度的这些东西也感到害怕，正如理性所指令的那样，这是为了美好。这就是德性的目的。对这些东西有时怕得多一点，有时怕得少一点，有时那些并不可怕的东西也可使人害怕。人们所以犯错误，或者是因为怕了所不该怕的东西，或者以不应有的方式，在不应有的时间，诸如此类。对于那些令人鼓舞的东西，也是这样。

一个勇敢的人，怕他所应该怕的，坚持或害怕他所应为的目的，以应有的方式，在应该的时间。一个勇敢的人，要把握有利的时机，按照理性的指令而感受，而行动。一个勇敢的人，他的全部现实活动的目的，是与其品质相吻合的。每个人都在追求目的。勇敢是高尚的，所以高尚就是目的。勇敢的人为了高尚或美好而坚持，而勇敢地行动。

至于那些过度行为，对无所惧怕的人是没有名称的(在前面说过，有许多东西都是无以名之的)，也许可以称为精神失常或感觉迟钝吧。正如人们所说的克尔特人那样，不管是地震还是怒涛都一无所惧。对于那些实际可怕的东西而过度自信的人称之为鲁莽。一个鲁莽的人被称为牛皮匠，他做出一副勇敢的样子，勇敢的人怎样对待可怕的东西，他也显得同样对待，在这里他只是做可能的模仿，所以他们大多数是既鲁莽又怯懦。他们对可怕的东西虽然气壮如牛，但却不能坚定不移。

一个人过度恐惧就是怯懦。他以不应该的方式，怕他
所不应该怕的东西，如此等等。他所缺乏的是坚强，最突 1116a

出的特点，就是对痛苦的过度恐惧。怯懦的人是绝望的人，因为他无所不惧。勇敢的人则与此相反，因为坚定的信念就是美好的希望。

这里有三种人，怯懦的、鲁莽的和勇敢的，三者都与同一对象相关，但品质却各不相同。有的是过度的，有的是不及的，有的则恰得中间，做了所应该做的事情。鲁莽的人猛冲向前，渴望去冒险，但真正处于危险之中时，就遁逃了。一个勇敢的人在工作中是精明的，处事是冷静的。

如上所说，勇敢就是中间性，是中庸，在所设定的情况中，它与那些促使人坚定和引起人恐惧的东西相关联。自信和坚持是高尚的，否则是可耻的。为了逃避贫困、爱情和痛苦而去死，并不是勇敢，而是怯懦。因为在困难中逃避更容易些。这种人之所以忍受死亡，并不是要坚持善良，而是摆脱邪恶。

8

勇敢就是这个样子，然而人们还把勇敢分成五种方式。

首先是政治上的勇敢，这也许是最大的勇敢。由于法律的规定怯懦者受罚，勇敢者得奖。所以由公民组成的队伍，能够在危险面前毫不动摇，因此公民兵是极其勇敢的，在这里怯懦要受到惩罚，勇敢要得到奖赏。例如对狄奥麦德和赫克托尔，荷马就这样描写：

> 包吕达马首先就要对我冷讽热嘲。

而狄奥麦德则说：

赫克托尔总有一天会对特洛伊夸口，
图德代斯吓得在我面前逃走。

这样的勇敢与以上所说最为相似，它由德性生成，由于羞耻之心而变得期求高尚的东西，得到荣誉，逃避耻辱和谴责。人们也可以把来自首领的强制的勇敢列入这一类。当然略为逊色，在这里行为不是由于羞耻，而是由于恐惧，所逃避的不是耻辱而是痛苦。主宰者强迫着，像赫克托尔那样：

我要仔细地瞧着，
看谁敢从战场上溜走，
就让他的臭皮囊去喂野狗。

将领们也是这样，他们把队伍集合起来笞打那些离开战位
的人，或者在队列后面挖掘壕沟或设置障碍。这都是些强 1116b
迫手段。人们不应被强迫而勇敢，因为勇敢是高尚的。

其次是关于个别经验的勇敢，由此苏格拉底认为，勇敢就是知识。这类勇敢在不同的情况下也不相同。战士的勇敢就表现在战斗之中。众所周知，在战争中有许多伪装和诡诈，有的人能够看穿这些伪诈，而被认为是勇敢的，其他人则被蒙骗。由于经验他们更加主动而不被动，他们有着精良的武器，既可进攻又可防守。他们像带武器的对徒手的，像训练有素的运动员对一个生手。但是，即使在这种情况下，最勇敢的战士也不一定是最好的战士，而是那些身体最强壮、技术最优良的人。然而，在危险难于承

受，人数过少和装备不良的时候，雇佣兵就会变得怯懦，他们首先逃跑，而公民的队伍却坚持战斗一直到死。正如在赫尔麦斯神庙的战斗中那样。公民战士认为逃跑是可耻的，他们宁愿去死，也不愿逃跑而得救。而雇佣兵在危险来临时，认为自己是强大的，一旦发现自己是少数时，就逃跑了。他们惧怕死亡更甚于耻辱。这种人算不得勇敢。

第三，激情也被人们看作勇敢。因为勇敢似乎来自激情，一名猎手击伤冲过来的野兽，算得上勇敢了。所以勇敢就是一种激情，在危险来临的时候，有最大的冲击力。所以荷马说，“植力量于激情之中”，“唤起他的力量和激情”，“他满腔怒火”或“热血沸腾”等等。这一切都表示激情的作用和冲击力。勇敢人的行为是由于他高尚，激情只起辅助作用。野兽则是由于痛苦，它们进攻是由于恐惧或受伤，若在树林里就不会去触动任何人的。所以，这不是勇敢。它们被痛苦和激情所驱使，而冲向危险，并没有预见到等待它们的是死亡。如果算得上勇敢，那么饥饿的驴子也是勇敢的了，不论怎样笞打，它也不会停止吃。渴
1117a 欲可使奸夫做出许多可惊的事情。为痛苦和激情所驱使冲向危险，算不得勇敢。然而如果勇敢是通过激情，再加上选择和目的，那就再自然不过了。

人们在激动时感到痛苦，在报复时感到快乐，不过为这类事情而斗争的人，只能称作斗士，不能称作勇士。因为这不由于高尚的情操，也不是以理性的方式，只是一种热情而已。不过它与勇敢有某些相似之处。

第四，乐观的人也不是勇敢的人。由于在多数情况下，他们经常获得胜利，而在危险中抱有坚定的信心。勇敢人的坚定是什么，前面已经说过了。乐观的人则相信自己的强大，不会遭受失败（喝醉了酒的人也能这样，于是成为乐观派）。一旦事情不如所希望的那样，他就逃跑了。勇敢的人，则是在对人是可怕的东西，或者显得可怕的东西面前坚定不移。因为这样做是高尚的，不这样做是可耻的。所以，在突发灾祸中临危不惧，镇定自若，公认为比在预见的危难中这样更加勇敢。因为这更多是由于当事人的品质，而不是由于有所准备。预先准备的措施可以来自推论和理性，而应付突降的灾祸，就只能本着品质了。

最后，那些对危险无知的人，显得与乐观派相接近，但不如他们。因为无知者缺乏自知，乐观派却有。所以在一定时间内，乐观派能够坚持，而那些受蒙骗的人，一旦知道真相就不再坚持，而是逃跑。正如阿尔戈斯人，错把斯巴达人当作斯库俄尼亚人那样。

以上说明了勇敢的人，以及被认为勇敢的人是什么样的。

9

勇敢就是如何对待坚定与恐惧，然而对两者的关系并不是一样的，而是对可怕的东西更密切些。一个勇敢的人要在可怕事物中不动摇，抱着应有的态度，更甚于对坚定。因为正如所说，勇敢的意义就在于能经受痛苦。一个勇敢的人，受到称赞是公道的，因为甘受痛苦比 1117b

回避快乐要困难得多。决不能把勇敢的目的看作就是快乐，与相关联着的那些事物相比，快乐实在是微不足道的。就以体育竞赛为例，拳击选手们所为的当然是快乐，是桂冠，是荣誉，然而作为血肉之躯所经历的打击却是难以忍受的，其全部训练都是痛苦，与这样多的痛苦相比较，所为的东西就是极小了，这样看来快乐就不算一回事了。如果勇敢也是这样，一个勇敢的人并非自愿地去迎接死亡和伤害，然而对它们还是坚持，因为坚持是高尚的，否则是可耻的。一个人的德性越多，他越是幸福，那么就越是感到死亡的痛苦，因为对这样的人生命是可贵的。他明知要失去最宝贵的东西，这是件痛苦的事情。但是在战斗中宁愿选择高尚而不是生命，他同样是勇敢的人。

并非在所有的德性里都有着快乐的现实活动，只有达到了目的的现实活动才是快乐的。但具有这种全面德性的并不一定成为一个好的士兵，反而别无所长的人，能够面对危险，为了一点小事而不惜生命。

关于勇敢，让我们就说这么多，从以上所说，不难概括地看出勇敢是什么。

10

在勇敢之后让我们来谈谈节制。这种德性，看来是灵魂非理性部分的德性。我们已经说过，节制是在快乐方面的中间性（与痛苦的关系较少）。放纵也在这个范围之内。让我们来限定一下，它是什么样的快乐的节制。

首先，要把灵魂上的快乐和肉体上的快乐加以区别。例如爱荣誉，爱学习，每个人所以爱这些东西，并非由于他的身体有此需要或者受到什么作用，而是思想上的。人们对这些事的快乐，既说不上节制，也说不上放纵。对其他非肉体的快乐也是这样。对于那些喜欢探索奥秘的人，喜欢奇闻轶事的人，或是终日闲谈的人，我们只能说是空
谈，而不能说是放纵。同样因财产损失，或亲友亡故而悲 1118a
痛，也不能说是放纵。

节制也许只是对肉体的快乐而言，甚而即使肉体的快乐也非全部须加节制。例如那些喜欢视觉上的快乐的人们，彩色，图像和绘画等等，就说不上什么节制和放纵。尽管可以说，对这种快乐有应该的方式，有过度和不及。对于听觉也是这样，对过于喜欢听音乐和歌剧的人，谁也不会说是放纵，也没有什么节制问题。除非在特殊情况下，对嗅觉也没有什么节制问题。我们不会说过于喜欢水果、玫瑰和其他香味的人为放纵。但把对佳肴香气的喜欢称为放纵，因为这种香气会引起欲望对象的回忆。人们可以看到，其他的人，在饥饿的时候就喜欢食物的香气，对这种气味的喜欢就处于放纵的范围之内，因为这是放纵的人的欲望对象。

除非在个别情况下，在这些感觉方面其他动物并不感到快乐。野兔的气味并不使猎犬感到快乐，气味只是引起了它的感觉，只有在咬嚼的时候，它才感到快乐。公牛的叫声也不会使狮子感到快乐，只有在吞咽的时候它才感到

快乐。通过叫声它感到的牛的临近，对它的出现感到高兴。同样，它也不为看到山羊而高兴，而只是有了可吃的东西。

节制和放纵就和这些快乐相关，它是人和其他动物所共有的，所以，表现了人的被奴役和兽性。这些就是触觉和味觉。在这里味觉似乎很少起作用，甚至不起作用。因为，味觉是对味道的判别，只对于那些品酒师和厨师们有用处。它们不会使人特别喜欢，更不会造成放纵。而真正的享受是来自触觉，如进餐、饮酒以及所谓性爱中的快
1118b 乐。所有的贪食者都希望自己的食道比天鹅还要长，这表明快乐来自触觉。

所以放纵因之而存在的感觉，是最普遍的感觉，它之受到责备是很正当的，人不是作为人而具有这种感觉，而是作为动物。对于这些感觉最为喜欢的是兽性。且不细说那些出于触觉的最为自由的快乐，例如，在运动中由摩擦和温暖而得到的快乐。触觉的放纵并不涉及整个身体，而只涉及身体的一部分。

11

欲望有两种，一种是为一切人所共有的，另一种则是特殊的附加的。例如，对食物的欲望是自然的，没有人不需要食物和流质的营养，有时是两者都欲求。如荷马所说，在青年和情欲时期还有性交的欲望。并非所有的欲望都是一样的，这个人有这样的欲望，那个人有那样的欲望，而且不以同一事物为对象。欲望因人而

异，这样绝没有什么不变的本性。每个人所喜欢的东西都不一样，而有些东西不论是谁见了都喜欢。

在自然的欲望方面，少数人犯错误都以同一方式，也就是说都是过多了。随意地大吃大喝，它的量超过了自然的限度。自然的欲望就是要求满足人的需要。这样一些人就被称为贪食者，也就是超过了应该饱足的量。这样一些人是完全受制于他物的人。

至于那些特殊的快乐则是多种多样的，而犯错误的方式也各不相同。说某人偏爱某种东西，或者由于他喜欢了所不应喜欢的东西，或者由于他比多数人更加喜欢，或者以不应有的方式。那些放纵的人都是在这些方面形成过度。有些人喜欢所不应喜欢的东西，喜欢那些可憎的东西。即使所喜欢的是应该喜欢的东西，但比大多数人更加喜欢，超过了应有的限度。显然，放纵是快乐上的过度，并且是个贬义词。至于痛苦，人们不能像对勇敢那样，把坚持忍受痛苦称为节制，而把不能忍受痛苦称为放纵。那种放弃了所遇的快乐，忍受着所不应受的痛苦的人才是放纵的。在他那里甚至快乐也造成痛苦。一个节制的人不因失去快乐而痛苦，并且避开快乐。

一个放纵的人追求一切快乐，或者最大的快乐。他被欲望牵引着，除了快乐别无所求。所以，在得不到快乐时他痛苦，求快乐的欲望也使他痛苦。欲望就伴随着痛苦。固然，由于快乐而痛苦，这似乎是荒唐的。不要快乐，或少于他应得的快乐的人很少见，因为这种麻木不仁不合乎人的本性。即使其他动物，也要对食物加以辨别，喜欢这一些，而不喜欢另一些。如若有这样一种动物，它什么也不喜欢，对什么也不加区别，那么它就远不是个人。像这样的一个人也就无以名之，因为这是罕见的。对于这些东西一个节制的人抱中间态度。他不喜欢那些放纵的人所喜欢的东西，相反却讨厌它们。总的说来，他不喜欢所不应喜欢的东西，这些东西里没有一种使他太喜欢。它不因失去这些东西而痛苦，对此也没有欲望。或者适度，不比所应该的更多，不在所不应该的时候，如此等等。对于那些能导致健康或幸运的、令人快乐的东西，他适度地追求，并且以应该的方式。对于其他使人快乐的东西，只要它们不妨碍健康和幸运，或有损于高尚并且力所能及，他也是
66 这样。有些人超出了这一界限，只图享乐，不顾价值。一个节制的人则不是这样，他以正确的原理为依归。

12

和怯懦相比，放纵似乎更多是自愿的。由于放纵是追求快乐，而怯懦却逃避痛苦。一个是为人所选择的，一个是为人所躲闪的。痛苦使人身不由己，并摧毁其本性，快乐则没有这样的作用。所以放纵更多是自愿的，应受到责备的。而养成抵制放纵的习惯更容易些，在生活中这样的例子是很多的。养成这种习惯并不冒什么危险，而对那些可怕的东西则完全相反。人们认为，就每个个别人而言，怯懦的自愿程度是不相同的。怯懦自身并不痛苦，而那些做出怯懦之事的人，却是由于痛苦而身不由

己，如抛掉武器或其他可耻行为，这样看来似乎是被强迫的。放纵则恰恰相反，就每一个别人而言是自愿的，是出于欲望和追求。然而，整个说来，并不完全是这样，因为谁也不愿意成为放纵的人。

放纵这个词，我们也用于称呼娇纵的儿童。因为两者 1119b
有相似之处。至于两个不同的名称哪个出于哪个，对于现在的讨论并不重要。不过，后来的东西要按先行的东西来称呼，这是显然的。意义上的这种转变并不坏，对可耻事物的欲求应加制止，不然就要大大地增长。欲望和儿童就是最好的例子。因为儿童完全按欲望来生活，而欲望中最大的就是追求快乐，如若不服管教，背离原则，就要大大地膨胀起来。一个无知无识的人，对快乐的欲望是永不会满足的，而且无所不及。而为满足欲望所进行的现实活动更增强了与生俱来的本能，而且在达到极其强烈的程度时就压倒了推理能力。因此，对快乐的追求应是适度的、少量的，并且绝不能与理性相背驰。如能这样，我们就说受到了良好的教养和有约束能力。正如一个孩子要按教师的教导生活那样，欲望的部分也要按照理性生活。节制之人的欲望部分应该与理性相一致。两者都以高尚为目标。一个节制的人欲求他所应该欲求的东西，以应该的方式，在应该的时间，这也正是理性的安排。

关于节制我们就说到这里吧。

第四卷

1

以下我们谈一谈慷慨。慷慨是在财物方面的中庸之道。我们称赞的不是一个人在战斗中慷慨，也不是在节制中慷慨，也不是在判断中慷慨，而是在财物的给予和接受中，特别是在给予中的慷慨。所谓财物就是一切其价值可以用金钱来衡量的东西。在财物上的过度就是浪费，在财物上的不及就是吝啬。那些珍惜财物超过应有限度的人，我们称为吝啬。我们称之为浪费的某些人，则比较复杂。不知约束和放纵用钱的人，我们都称为浪费，所以这里包含着多种恶，这里所用的不是它的本义。浪费最根本的恶就是毁坏物资。一个浪费的人是毁灭自己。因为从某种意义上说，毁灭物资也就是毁灭自身，生命是通过物资而存在的。我们所说的浪费就是这个意思。

财富是些有用的东西，对有用东西的使用，既可以好，也可以坏。一个人，能够对每样东西都良好地使用，他就具有了对这东西的德性。一个人能对财富最好地使用，也就具有了在财物方面的德性，这样的人也就是个慷慨的人。对财物的消费和给予属于使用，对财物的接受和保存属于占有。因此，和有其所应有，不有其所不应有相比，给予所应给的人则更加慷慨。良好的动作比良好的承受是更大的德性。较之不做可耻的事，高尚的行为是更大的德性。善良的活动、高尚的行为属于给予。而善良的承受和不做可耻之事属于接受。人们称赞前者，因为不取比给予更容易些。和不取于他人相比，舍弃自己的所有更困难些。人们称给予者为慷慨。那些一介不取的人，虽然也是公正的，但人们不称之为慷慨，而对那些取之于人的人，就不必去称赞了。在一切德性之中，慷慨几乎为人最钟爱，因为在给予之中，可以有助于人。

合乎德性的行为是高尚的、美好的，并且是为了高尚和美好。一个慷慨的人，为了高尚而给予，并且是正确地给予。也就是对应该的对象，以应该的数量，在应该的时间及其他正确给予所遵循的条件。这样的给予是快乐的，至少是没有痛苦的。因为合乎德性的行为是快乐的，没有痛苦，而且绝不会是痛苦的。至于那种不应该的给予，不是为了高尚而是由于其他原因的给予，则另当别论。那种以给予为痛苦的人，把财物看得比高尚行为还重要，是不能称之为慷慨的。一个慷慨的人，不接受所不应接受的东西，一个并不重视财物的人，是不会接受这样的东西的。他也无所要求，做好事并不是要得到好报。他只接受所应

1120b 得的东西，例如本己的所有物，但并不是为了高尚和美好，而是作为必需的东西。因为这样他才能给予。他并不忽视本己的所有物，有了这些东西，他才能给予别人。他并不随意给予任何人，而是给予那应该给予的人，为了高尚的目的，在应该的时间。一个慷慨的人在给予中是很大方以至过度了，给自己留下的很少。不顾惜自身，这正是慷慨的所在。

所谓慷慨就是在物资方面的慷慨，这不在所给予的东西的数量，而在于给予者的品质，给予要与自己的物资相适合。如若可给予的东西很少，一个只给予很少东西的人，并不失为是慷慨的。人们认为，一个人其家资不是自己挣来的，而是继承下来的会更慷慨些，因为他没经受过贫困。所有的人都对自身所取得的成果更割舍不得，如父母和诗人那样。慷慨的人是难以富有的，因为他既不善于获得，也不善于保持钱财。他花费和珍视钱财并不由于钱财自身，而是为了给予。所以有人抱怨，那些最有价值的人，也是最不富有的人。可惜这不是没有道理的，因为也像对其他东西一样，不知道怎样去经营钱财，也就不会有钱财。

他不给予所不应给予的人，在不应的时间，如此等等。因为，他不能做不合乎慷慨德性的事情。如果在这些事情上花费钱财，就没花费在应该花费的地方。如我们前面所说，一个慷慨的人，要量其家资来花费，并花费在应该花费的地方，过度了就是浪费。所以，我不说一个僭主浪费，因为他的家资大得难以在消费和给予上过度。慷慨是在财物的给予和接受上的中间性。不论细小的事情还是巨大的事情，一个慷慨的人都应给予或花费在所应花费的事物上，以应该的数量，并以此为乐。他从应该的人接受应该的数量。德性就是在这两者之间的中间性。他以所应有的方式做这两件事情。正确的接受伴随着正确的给予。不正确的接受则相反于正确的给予。两种相伴随的东西可以出现在同一个人身上，相反的东西显然不能。如若一个 1121[a]
人不消费在应该的对象和高尚的目标上，他要感到痛苦，而以应该的方式是适度的。德性就是以应该的方式，在应该的情况下感到快乐和痛苦。一个慷慨的人在钱财方面是好通融的，有时甚至可能受欺骗。因为，他并不珍视钱财，他对在应该花费的事情上没有花费感到不安，在不应花费的地方花费了感到痛苦。他并不同意西蒙尼德的说法。浪费的人在这些方面是错误的，他对应该的情况和应该的方式既不感到快乐，也不感到痛苦。

我们说过，浪费和吝啬就是过度和不及，在给予和接受两个方面。我们把消费也算做给予。一个浪费的人，在给予方面是过度的，在取得方面是不及的。一个吝啬的人则是给得太少，而取得太多，一些细小的事情除外。浪费的两方面，很难结合在同一人身上（因为一个人很难一介不取，而给予一切，这样的话，作为私人的给予者，他的家资就会无所剩余。这样的人反而被认为是个浪费者）。不过就是这样的人也还大大好于吝啬的人。因为这样的毛病可随着年龄和阅历而纠正，他能够达到中间，而具有慷慨的德性。他既给予又不取得，在这两方面都以不应该的方式，并且做得不好。但他可通过训练而改变这种习惯，而成为一个慷慨的人，给予所应该给予的人，而不取所不应取的东西，所以人们再不会说他习性恶劣了。那些只管给予而不顾取得的人，他们的过度 并不是由于恶意和卑鄙，而是由于愚蠢。这样看来，浪费要比吝啬好得多，因为在这里有许多人得到帮助，而吝啬不但对他人无益，对自己也无益。

在浪费者中，有一些人取得所不应取的东西，在这一方面，他们是些吝啬的人。他们之所以贪心不足，是由于他们渴望消费，但不能随意而为，他的所有很快就一扫而空，所以不得不取之于人。同时也顾不得是否高尚，他为取得钱财不惜一切手段。至于怎样给，从什么地方给，对他们都是无所谓的，他只是热衷于给。所以，像这样的给予说不上慷慨。因为像这样的给予既不高尚，也不是为了高尚，以应该的方式。他们使那些应该贫穷的人成为富翁，对那些可敬的人不加周济，而是大量赠赏那些奉承他们的人和使他们快乐的人。所以，他们中的许多人是放纵者，他们任意挥霍，放纵地花用，由于根本不知高尚为何物，所追求的只是快乐。

一个人如果没有受到很好的教育就会成为浪费的，倘能细心照料就会知道什么是中间，什么是应该，而吝啬则是不可救药的。它或由于年老，或由于各种形式的无能而造成，它比慷慨更是与生俱来的。大多数人是爱聚敛钱财而不是乐善好施。它普及到许多人，并且有多种形式。吝啬有许多不同方面，这里且说它的两个方面：或者在给予上的不及，或者在取得上的过度。并不是所有的人都有这两个方面，它们有时是分离开的。有些人在取得上过度，有些人在给予上不及。那些被称为守财奴的人，就因为在给予上过少，但并不觊觎别人的所有。这样的一些人有的由于缺乏荣誉感，有的是由于避免耻辱。（有些人看来是，至少自己说是，他们守住钱财，为的是不会被迫着有一天做出可耻的事来。对这种人可称之为小气鬼以及诸如此类的名字，由于他们给的过少，或一点不给。）有的人怕动他人的东西，正如他人也难取他的东西，他们愿既不取得也不给予。

还有些人是在取得上的过度，他们无处不要，无所不要，例如那些从事下流职业的人，皮条客以及类似的职 1122a
业，他们付出的少收回的多。全部这一些都从不应取得的地方取得，以不应当的数量。它们的共同之点就是贪得无厌，为了小利而不顾羞耻。但是，那不从应该的地方取得大量钱财的人，我们不能谓之吝啬，例如一个暴君洗劫城市，掠夺庙宇，只能是罪恶、不敬和不义。赌棍和拦路抢劫者都是吝啬之徒。他们干着无耻的勾当，为了取得则无所顾忌。拦劫者为了取得甘冒生命的危险，甚至于窃取他本应给予的朋友的财物。这些人都是贪得无厌者，他们从不应当取得的地方来取得，像这样的取得全部都是吝啬的。

吝啬和浪费截然相反，它比浪费是更大的恶。如我们所说，和浪费相比，人们更容易犯吝啬的错误。

关于慷慨和相反的恶，我们就说到这里吧。

2 接着似乎应该讲一讲大方了。它也被认为是某种关于财物的德性，但不像慷慨那样涉及全部财物方面的行为，而只涉及消费。这里在数量方面超过了慷慨，所以有了大方这个名称。它的消费是大量的，但消费量的大小是相对的，装备一只三桅船的消费和修造一座圣殿的消费不会相同。对于一个消费者，消费量的大小是否相当，要以什么样的场合，什么样的对象而定。一个人在细小的、不太重要的事情上做了一点花费，如所说，“我经常周济无家可归的流浪者”，不能称为大方。大方的人是慷慨的，但慷慨的人却不一定都大方。那些缺乏这种品质的人就称之为小气，那种过度的叫做逞强和不识相，诸如此类。所谓过度，不是指对所应做之事在花费数量上过度，而是在不应该做的事情上，以不应该的方式。后面我们还要谈到这些。

大方的人是有科学头脑的人，他要对花费是否适当进行思考，使巨大的钱财用得恰到好处（正如我们在开头所说，品质要由现实活动来规定，并属之于对象）。大方的
1122b 人，其消费是巨大的，同时也是适当的，它的成果同样也是巨大的和适当的，所以巨大的消费和其成果相当。成果的价值应该与消费相当，而消费数量应该与成果相当，或

者超过之。大方人的消费是为了高尚，这是各种德性所共有的特点。他并且是高高兴兴的，任意放手的，因为斤斤计较乃是小气。他所注意的多是怎样更美好，怎样更适当，而不是怎样更节省，怎样更少用。所以大方的人当然是慷慨的人，慷慨的人消费在应该的对象上，以应该的方式。在这里，大方的人，重点在一个“大”字上。慷慨的人做着同样的事情，这里所指的只是大小。一个大方的人作出更巨大、更适当的成果。所有物的德性和成果的德性并不是一回事。所有物的受重视在于它的最高价值，如黄金，成果的受重视则在于它的伟大和高尚。（因为对这些东西的思辨使人好奇，伟大而又适当的东西是最令人好奇的。）成果的德性就在大小之中。我们所说的德性是一种荣誉。例如对敬神事业的消费，备办供品，修造庙宇，以及其他宗教活动。此外还有公共福利的消费，这都是人所羡慕的事情，例如，有的地方鼓励人们去打造华美的战车，修建三桅船，以及备办城邦的庆典等等。如我们所说，所有这一切都须与消费相符合，合乎消费者的地位和财产。价值就是它们的应该，不但要与成果相适应，而且要与消费者相适应。所以，一个贫穷的人是不会大方的，大量的消费与他的所有物是不适应的，如若他着手做这类事情，就是逞强，他既没有力量，也不应该做这类事情。正确的行为才是合乎德性的行为。这类事情只适合于那样一些人，他们的产业是由自身挣得，或从祖先亲朋那里取得的，或者他们出身高贵，是德高望重的人物，因为所有这一切都具有巨大的价值。只有这样的人才能成为大方的人，如我们所说，大方表现在大量消费中，这才是最伟 1123a 大、最光荣的。在私人方面，这样的大量消费，一生也许只有一次，如婚礼以及类似的事情。它能使全城上层人士急不可耐，如有关外宾的迎接和欢送，赠礼和礼品的交换。一个大方人的消费不是为了自己，而是为了公众，把礼品看作和祭品一样。一个大方的人，还要建造一所与其财富相称的房屋（房屋就是一件完美的装饰品）。此外，他还要在那些经久耐用的物件上更多地花费，因为耐用的东西都是最美好的。他还要与个别情况相适应（对神和对人，在祭礼上和在葬礼上都是不一样的）。既然各种消费其数量因消费的种类不同而不同，那最大的大方就是在巨大成果中的巨大消费。成果上的巨大和消费上的巨大是有区别的。（一只球、一个罐作为孩子的礼物是很合适大方了，但所费不多。）这样看来，一个大方的人，不论办什么事情都要大大方方地来办（这是一个不可偏离的准则），使其价值与成果相适应。

一个大方的人就是这个样子。那过度的人和逞强的人，如我们所指出，花费超过了应有的限度，毫不识相地花大钱。他用婚礼的筵席来招待他的团伙，他为喜剧提供乐队，让他们穿着紫袍上场，如在麦加拉所做的那样。他之所以这样做，并不是为了什么高尚的目标，而是为了显示自己的财富，他以为人们会由此而惊羡。在应该多花费的地方他用得少，在应该少用的地方他花得多。一个小气的人在一切方面都不及。即使他用了巨大的花费，却为了省点小钱而把事情弄糟。他总踌躇不定，总以为可以少用些。尽管如此，他还抱怨，所做的一切事情花费都超过了应有的限度。

这都是坏品质，但不带来重大的恶果，因为对别人并无损害，也不是很大的丑事。

3 大度①顾名思义是与“重大”事物有关的品质。首先让我们看一看它重大在什么地方。一种品质和某 1123b
人看来合乎这种品质并无区别。倘若一个人把自己看得很重要而高大，实际上也是重要而高大的，那么他就是真正大度的。有的人自视甚高，实际上却不是那个样子，那就是狂妄无知，一个狂妄无知的人，是不合乎德性的。一个大度的人就像我们所说的这个样子。一个人对自己估价微小，而实际上也是微小，这只是谦虚而不是大度，大度含有重大的意思，正如说一个人英俊就含有身体的硕大，一个矮小的人只能称为秀美或匀称，而不能称为英俊。一个人以自己为重大，但这种估价与实际不符，就是虚夸，但并不是所有过高估价的人都是虚夸。对自己估价不足的人是自卑。估价可以是大的、适中的，也可以是小的。不过一个自卑的人对自己的估价总是不足的。一个具有重大价值，却对自己估计不足的人，才是最自卑的人，如若他不

① megalopsukhia。

承认自己的价值，他还能有什么作为呢？一个大度的人就他的大来说是一极端，然而如若这个大是应该的大，就是中间了（他是合乎自己的价值来估价的）。有的人是超过，有的人是不及。

如若一个人认为自己有重大的价值，并且实际上也是这样，那么他须以一种有重大价值的东西为对象，它是最大东西中的最大的。价值与外在的善相互关联，我们认为奉献给诸神的东西，或者那些高贵的人所企求的东西，以及对那些高尚人的奖品是最大的。这就是荣誉。在那些外在的善中它是最大的。所以，大度的人对荣誉和耻辱抱应有的态度。用不着讲什么道理就可以看得出来，大度的人就是重视荣誉，他们重视荣誉超过一切。而自卑的人不论对自己，还是对大度的人都是过低估计了价值。虚夸的人是对自己估价过高，而不是对大度的人估价过高。

一个大度的人由于他具有重大的价值，所以也是最善良的人。最善良的人也是最有价值的人。一个具有重大价值的人，永远是一个善良的人。一个真正大度的人当然应该是一个善良的人。可以这样说，在任何一种德性中的大，都是大度者的大。在撤退中甩开膀子跑和其他不义行为，是和一个大度的人不相容的。既然没有什么更大了，他为什么要干些可耻的事呢？经过逐个审查之后，要说大
1124ª 度的不是善良的，那就十分可笑了。一个享有荣誉的人决不能是个恶棍。荣誉是奉献给善良人们的德性的奖品。所以，大度仿佛是德性中的一颗明珠，它使它们变得大，而

离开诸德性它也不会生成。这样看来，做一个真正大度的人是困难的，因为他必须是美好和善良俱全。

一个大度的人与荣誉和耻辱的关系极为密切，他对那些来自贤良人士的器重适度地高兴，他认为这是他所固有的，因此并不过分。虽然全部德性的价值不能都归于荣誉，但他只能接受它，因为再也没有更重大的礼物可赠送给他了。但对于那些俗流之辈和在细枝末节的赞扬则报之以轻蔑，认为这是毫无价值的。他对毁谤也不加计较，因为耻辱不会公正地加于他。正如以上所说，荣誉对大度的人至关重要。然而，他对财富、权力以及所遭遇的全部幸运和不幸，都抱一种适当的态度。幸运时不特别高兴，不幸时也不特别痛苦。尽管荣誉是最重大的东西，他的态度也不两样。（财富和权力都由于荣誉而可取，至少它们的所有者想要通过它们而光荣。）荣誉对他说来也是小事，和其他事情并无区别。所以，在许多人看来，大度的人玩世不恭。

然而，幸运似乎能带来大度，带来胸怀广大。因为出身高贵、手握大权和腰缠万贯的人都被认为是光荣的，因为他们超越在他人之上。在善的方面的超越总是更为光荣的。因为它们可以使人们的胸怀更加宽广，从而受到人们的称赞。惟有善良的人才真正地受到称赞。德性和幸运双全的人应得更大的荣誉。而那些只具有外在的善而缺少德性的人们，不应把自己估价过高。正确地说他们不是些大度的人。离开了德性这一切都不存在，那些仅持有外在的善的人，会变得傲慢无礼和玩世不恭。因为缺少德性的人，很难恰如其分地对待那些侥幸得来的东西。不但不能 1124b 正确对待，还要盛气凌人，鄙薄同侪。他们模仿大度的人，实际上并不相似，在任何时候，任何地方，他们都在这样做。尽管他们的行为并不合乎德性，但却傲视他人。一个大度的人轻视他人是公正的，因为他们的意见总是正确的，别人则是碰运气。他并不为了点小事去冒险，也不为了点小名去冒险。他们为了重大的事则不惜一切，甚至于自己的生命，因为不能以一切为代价而活着。他喜欢做好事，但羞于接受好处。因为做好事是一种超越，而接受好处则是被超越。他对所接受的好处加倍奉还，这样施惠者就变成受惠者了，就变成好处的接受者了。人们认为，大度的人总是记得所做的好事，而难于记得所承受的恩惠。（因为受惠对施惠总是低下的，而他总是想超越。）他听到施惠就高兴，听到受惠就不高兴。这就是为什么，人们总不提忒提斯对宙斯所做的好事，不提斯巴达人对雅典人所做的好事，而只提他们所得到的好处。

大度的人很少提出什么要求，甚至什么也不要求，但很愿服务。对高贵的人，他矜持，对中等人士则和蔼。因为高贵者高不可攀，是难以超越的，对中等人则容易。对高贵的矜持并不足证明自己的出身低微，而对下层人士的无礼则是狂妄的表现，如一个强者欺侮软弱的人。在一般事务中他也不逞强，想着出人头地。大度的人无所动，没有光荣伟大的事业他不着手。他很少忙忙碌碌，而只做那些巨大而有名声的事情。他明显地表示自己的恨和爱（因为掩饰就是怯懦）。他注重真理多于意见。他的言论和行动都是公开的。由于持蔑视态度，他是坦诚的，永远不隐瞒自己的观点，直接说出真理。只有在群众场合，他才半含半露，用讽喻方式说话。除非是亲友，否则他难以仰照别人而生活。（因为这要受到奴役，一切曲意逢迎者都是奴性的，屈居人下就要逢迎。）大度的人并不好奇，对于他没有什么重大可怪的事情。他不记恨坏处，对于微末之事念念不忘就不是个心胸广阔的人。特别对坏事他宁愿忘却。他并不议论人，因为他既不奉承自己，也不贬低他人。（他不是个爱奉承的人。）除非攻击敌人，否则他不说别人的坏话。在困难之中，或者遇到了小麻烦，他从不喊叫，或乞求帮助，因为对付这类事情他已胸有成竹。他所想占有的东西，都是那些美好但没有用处的，而不是那些有用处的东西。这样就表示他更为自足。一个大度的人，举止迟缓，语调深沉，言谈稳重。一个对事情很少认真看待的人，是用不着来去匆匆的。一个不把任何事情看作大事的人，是不会因激动而喊叫奔走的。

大度的人就是一个这样的人，不足的是自卑的人，过度则是虚夸的人。人们并不认为这些人是恶人，因为他们并不做坏事，只是错误而已。自卑的人，本有值得称赞的善行，他剥夺了自己实有的价值，反而似乎他有什么坏处[并且对自己无知]，若不然他就要求所值得的东西，要求善良的东西。人们认为，这样的人不是愚笨，更多地是不知上进。不过这种意见所造成的结果更坏，因为任何人都在追求价值，这些人离开了高尚的行为和事业，那就是说，他们的存在是无足轻重的，外在的善也是一样。那些虚夸的人是愚蠢的，对自己无所知，而且把这些暴露出来。但他们很快就被发现，由于不配也就不去做什么高尚的事情。他们讲究穿着，注重仪表，借此想让人家看到，他们是一些幸运儿。让人们谈论他们，仿佛这些东西会给他们带来荣誉。所以同虚夸相比，自卑与大度的对立更大。两者都很普遍，都是坏的。

以上所说，大度是与重大荣誉相关联着。

1125b

4

正如以上所说，似乎也有某种有关荣誉的德性，它与大度的关系正如慷慨和大方的关系一样。因为这两者都与巨大的事情无关，而使我们按应该的方式去处置中等和琐细的事情。在荣誉的追求中，有时多于所应得，有时少于所应得，荣誉要来自应该的地方，以应该的方式，正如在财物给予和接受中有中间性，也有过度和不及一样。人们憎恶好名的人，因为他所得的荣誉多于所应得，并且来自不应该的地方。我们也不喜欢一个人不好名，由于他做着高尚的事情，而推却荣誉。如若一个人气度恢弘，抱负高尚，说他好名是种称赞。如若一个人对人谦和，处事节制，说他不好名也是种称赞。这一点我们前面已经说过了。我们喜好这样，喜好那样，显然有多种含义，同样，好名也并非永远指同一件事情。我们敬重那些比大多数人更好名的人，而鄙视那些好名多于所应得的人。由于这里中间性没有名称，所以两极端在争辩之中，难以定论。不过既然存在着过度和不及，当然也要有个中庸。对荣誉的追求，有时多于所应得，有时少于所应得，有时恰如其分。尽管在荣誉上中间性没有名称，但这样一种品质，也要被人敬重。不好名，看来是相对于好名而言，好名是对不好名而言，好名和不好名同时两相对应。这类似的情况似乎在其他德性中也有。不过在这里，两个极端是对立着的，而中间却没有名称。

5

温和是在恼怒方面的中庸之道。实际上这个中间性是没有名称的，而两个极端也没有名称。我们把这个中间性称为温和，若更偏于不及些，它自身则无以名之。有人把过度称为愤怒，它是对怒气的感受，至于造成这种感受的因由有许多，而且各不相同。对应该的事情和应该的人发怒，并且以应该的方式，在应该的时间和程度，就受到赞扬。如若温和是一个褒义词，这样的人就是个温和的人。（一个温和的人不愿被激动，为情感所左右，而是听从理性的安排，他怎样以及对什么事情生多久的气。不过，总是失之于不及，一个温和的人不是喜欢报复，而是倾向宽恕。）

对于不及人们用贬义词称之，如无血性之类。在人们看来，对应该忿怒的事而不怒是愚蠢。对那些应该发怒的事情，在应该发怒的时刻，而不以应该的方式发怒就是麻木不仁，全无心肝。他既不肯恼怒，那就是不想维护自己，也容忍亲友受辱，这是十足的奴性。

过度的恼怒出现在各个方面。（对不应该的人，不应该的事，以大于所应该的方式，过快和过强。）不过并不会所有这些方面都出现在同一个人身上。这是不可能的，因为恶也要自身毁灭，倘若全部出现那将是不可忍受的。易怒的人脾气来得快，对不应该的人，不应该的事，发大于所应该发的脾气，不过停止得也快，这是他的好处。其所以如此，由于他控制不住自己，急忙地发泄出来，公之于众，就此而已。急躁是一种过度急脾气，他对一切人，一切事都发脾气，所以得了这么一个称呼。不过难以应付的还是那些阴郁的人。他们抑制着自己的脾气，使怒火长期不得发泄，不过一旦发泄也就了结，因为这种发泄以快乐代替了痛苦。如若得不到发泄，他们就隐忍着，由于不显示出来，所以也就没有人去抚慰他们，把恼怒消解于自身之内则需要时间。这样一些人给自己和最亲密的人都带来麻烦。我们把在不应该的地方，过度和过长时间发脾气的人称为坏脾气的。这种人除非受到报复和惩罚，否则是不会安分守己的。

我们认为，过度和温和是更大的对立，因为这更经常发生（报复是人之常情）。和坏脾气的人生活在一起是很艰难的。

从这里所说，前面的那些话也就清楚了。到底应该以什么方式，对什么人，在什么事情上，用多长时间发怒是

难以规定的。一个人做到什么程度才算正确，不然就是错
误呢？不论是多一些，还是少一些，稍微有点偏差并不失
大体。有时不足甚至受到赞扬，我们说这是温和，有时连 1126b
急躁也为人所称赏，说这是种男子气概，具有指挥能力。
什么程度，什么方式的偏差要不得，这在理论上难于推
定，因为这些事情都是个别的，只能凭感觉来判断。这也
说明了中间品质才是紧要的。应该对什么人，在什么事情
上，以什么方式发怒，所有这一切都须合乎中间德性，过
度和不及都是要不得的，在小事上无关紧要，大一些的事
情上就有些关系了，在经常性的事情上过度和不及就是
最为难容的。显然必须紧紧把握住中间德性。

这里所说的是关于恼怒的品质。

6 在人群的共同生活中，在言谈和行为中，一些人是随和的，他们赞同一切，从不反对什么。他们认为不应该给同伴们带来痛苦。另一些人则恰恰相反，他们反对一切，对所带来的任何痛苦都不在乎，被称为难以相处的人。这里所说的品质，显然是人所厌恶的，它们的中间品质才受欢迎。以它为依据，可以指证什么事应该，什么不应该，什么方式应该，什么方式不应该。然而，却难以给它一个名称，也许称为友谊最为合适。像这样一个合乎中间品质的人，再加上一份情谊，就是我们所说的好朋友了。这种品质与友谊的区别，就在于对同伴们缺少这种情分。所以，这样的人做每样所应做之事并不出于爱和恨，

而是由于他是具有这种中间品质的人。他对熟识和不熟识的、亲近和不亲近的都一样看待。对待不同的人当然也有相应的区别，对亲近的人和非亲非故的人不会同样关心和责怪。

总的说来，他在人群中做他所应该做的，在高尚和便利的前提下，以带来痛苦和引起快乐为目标。在人群中所发生的一切事情，看来都与痛苦和快乐相关。在这里他拒绝那些不高尚，并有碍于增进快乐的事情，却宁愿引起痛苦。如若快乐会给行为者带来并非细小的耻辱和伤害，他就不会同意而是加以拒绝，如若这种反对并不造成大的痛苦。对待不同的人，他的态度也有差别，对高贵的人，一
1127a 般的人，或多或少熟识的人，以及其他不同的人也不两样，对每一部分人都恰如其分，他愿给予快乐而避免痛苦。也必须考虑后果，如果这些后果是巨大的，也就是说要考虑到高尚和便利，为了未来的更大快乐，他将忍受小的痛苦。

像这样奉行中庸之道的人并没有名称。那终日高高兴兴的人，如若他之使人快乐并无其他目的，就称之为随和。有的人之这样做是为了取得钱财，或者可以换取钱财的东西，就是阿谀奉承。那种对一切都抱怨的人是难以相处的。由于中间品质没有名称，对立就表现为极端自身的对立。

7

至于吹嘘几乎同样是其中间性没有名称的品质。进而讨论这类事情也有好处，它有助于我们了解习

俗。让我们来逐一讨论，如果我们看到在所有情况下都无例外，那就会坚信德性就是中间性。我们谈到了在共同生活中，以快乐和痛苦来相处的人，现在让我们说一说，在言谈、行为和立论中所共有的真实与虚假。吹嘘的人自以为有公认的名声，但实际上却没有，或比实际所有更大些。谦虚的人则相反，否认他所有的名声，或把它缩小。在这两者之间的人是真实的，所以他也是正直的。不论在生活上，还是在言论上他的所有都与自身相一致，既不夸大，也不缩小。在这里每种人都可以有所为而为或无所为而为。如若一个人无所为而为，那么，他的言论、行为和生活是一致的。虚伪自身是错误的、可鄙的，而真实则是高尚的、可敬的。这样看来，一个真实的人，就是具有中间品质的、可敬的人。而两种虚伪都可鄙，吹嘘则更加可鄙。让我们来逐一讨论，先从真实开始。

我们所说的真实，不是交易中的真实，也不涉及公正 1127b
和不公正（这将属于另一种德性）。与此不同，这种真实是在言谈和生活中，是由于个人的品质，而与所说的这些事情无关。像这样一个人，被认为是一个坦诚的人，一个爱真理的人，他在无关紧要的事情中是真实的，而在差距悬殊的事务中就更为真实了。他唾弃虚假，不但因为它是可耻的，而且还唾弃它本身。这样的人是可敬的，有时也会偏离真理，这多是由于估计不足，因为过度是可憎的，这表现出他有较好的分寸感。

那种吹嘘自己的长处的人，如果无所为而作伪固然可憎（若不然它就不是虚假了），但看来还是愚昧多于邪恶。如若有所为，那为了名声和荣誉的还不算顶可恶（如吹嘘的人那样），若是为了金钱或者那些可换取金钱的东西，就最为可耻了。（因为吹嘘不是由于潜能，而是出于自愿，由于爱夸张的品质而成为这样的人。）虚假的人，有的是爱好虚假本身，有的是追求名声和业绩。那些为了名声而吹嘘的人，装出一副德高望重的样子，那些为了业绩而吹嘘的人，装出一副施惠邻里的样子，但都是难于验证的，例如，预言、智慧、医术。正由于这些事有所说的难以验证的特点，所以很多人都装作有这样的本领，并以此自夸。

那些谦虚的人贬低自身的优点，他们的性格看来是极其可爱的，他们所以这样做，不是想占什么便宜，而是不愿夸耀。而正是这些人却得到了他们所摈弃的最大的荣誉，如苏格拉底就是这样做的。有些人连微末的和明显的事情都加否认，就被称为骗子，这是些最可鄙的人。有时看来像是夸张，像斯巴达服装那样，因为过多和极为缺乏都是夸张。不过，对并非经所见又非明显无误的事加以适当降低，则是为人所喜见的。

看来吹嘘和真实是相对立的，这是种坏品质。

8

在生活中也有休息，在这时可以消闲和娱乐。在交
1128a 往中似乎也存在着分寸，应该说什么，不应该说什么，应该以什么方式说，不应该以什么方式说，怎样听也

是这样。对什么人说以及由什么人听，是有区别的。在这里清楚地表明也存在着过度、不及和中间。那些把玩笑开得太过的，就变成戏弄和俚俗。这种玩笑的代价太高了，它已经仅是为了引起笑声，而不是表达好意和避免被取笑者的痛苦。有些人自己从来不开玩笑，也不反讥那些开玩笑的人，这就呆板了。那些玩笑开得有分寸的人，被称为机智的，因为他有种触景生情、见机行事的本领。这种机动性被认为是习性的运动，习性也和身体一样，是由运动来规定。事物的可笑方面俯拾即是，大多数人比在娱乐和玩笑中更为开心，甚至把戏弄也称为机智，因为它被认为是逗人喜欢的。但他们与机智的人相去甚远，这一点我们在上面已经说过了。

中间品质所固有的特点是圆通，一个圆通的人不论说什么、听什么都能合善良而高贵的人的意。因为有的人就是喜欢以玩笑的方式说和听。高贵的人所开的玩笑和俗流之辈不同。受过教育的人所开的玩笑和没受过教育的不同。这种区别我们在旧喜剧和新喜剧之间也能看到。在前者剧作家为了取笑而讲一些粗鄙的语言，在后者妙趣横生的语言则更令人发笑。这种区别在语言的分寸上同样存在。那么，我们是否应该规定，善于取笑的人就在于对高贵的人不说粗鲁话？或者不会引起听话人的痛苦，反而使他高兴呢？还是根本不能下一个无所不包的定义呢？因为，事情本身就是不确定的，因为事物可爱还是可恨，因人而异。人们所想听的笑话和所要讲的应该是同类的，如若不与所讲的同类，他也就难于接受。有的玩笑是不能开的，嘲骂式的玩笑就不能开，法律禁止嘲骂某些事物。我们甚至被禁止去开这种玩笑。有教养的高贵人不能随意开玩笑，这仿佛给自己制定一条法规。

具有中间品质的人就是这样的人，他被称为圆通和机智。吹嘘者则为玩笑所支配，只要能够引人发笑，不论对自己，还是对别人，他都不放过机会。他所说的那些东西，有教养的人不但不会说，甚至不会听。那些乡巴佬是
1128b 不能进行分寸适当的谈话的。他们不会带来什么积极的东西，只是骂倒一切。休息和娱乐对生活似乎是必须的。

这里我们说的是三种中间性，它们全部为语言和行动所共有。不过有的是关于真理方面的，有的是关于快乐方面的，在快乐的中间性中，有的是关于娱乐，有的是关于其他社交生活。

9

说知羞是某种德性并不恰当，看起来与其说它是一种品质还不如说它是一种感受。至少可以把它定义为对某种不名誉事物的惧怕，其结果类似于对某种可怕事物的惧怕。那些感到羞耻的人脸就变红，那些恐惧死亡的人脸就发白。两者都表现为某种身体的变化。这就表明它更多是种感受而不是种品质。

并非一切年龄的人都适于羞臊，而只适于青年人。我们认为青年人应该知羞，因为他们通过情感而生活，并且经常犯错误，知道了羞臊，他们就会少犯错误。在一个青

年人知羞的时候，我们就夸奖他，却没有人去夸奖一个老年人，因为我们认为他根本不应去做那种可耻的事情。一个有德性的人是不会有羞耻感的，因为羞耻来自卑劣的行为，而他是不会去做这样卑劣之事的（羞耻有的真正可耻，有的是众人所谓的可耻，两者并无区别，两者都不能做），所以他不应该感到羞耻。那些做可耻事情的人，都是些卑劣的人。或者说，人有这样一个特点，如果他做了某种可耻之事就会感到羞耻，以此为理由，就可以自认为是个好人，这是荒唐的。因为知羞是对自愿者而言，一个好人决不会自愿地做卑劣之事。知羞须在一定前提下才可以成为一件好事，如若做了某件事情，于是觉得羞耻。德性则不是这样。如若无耻，做了可耻的事仍然不知羞耻，是卑劣的。但这并不证明，做了可耻的事情而知道羞耻就是个有德性的人。

同样，自制也不是种德性，而是某种混合物，这个问题以后再讲，现在让我们谈谈公正。

第五卷

1129a 1 关于公正，我们应该探索它所涉及的到底是什么样的行为，公正为什么是中庸之道，是在什么东西中间。这一探讨要按既定的方针进行。

我们看到，所谓公正，一切人都认为是一种由之而做出公正的事情来的品质，由于这种品质人们行为公正和想要做公正的事情。不公正的意思也是这样。首先让我大概地以此为基础，在科学上，潜能和品质是各不相同的方式。潜能和科学自身看来是由对立构成，品质则相反，它不是由对立构成，例如从健康不能产生对立物，而只能产生健康。一个人只有像健康人一样走路的时候，我们才能说他健康地走路。

一种对立的品质，有时可从相反方面而得知，有时一种品质是从其主体来得知。如若身体状况良好是显而易见的，那么其不良好也同样是显而易见的。从那些状况良好的身体可知身体良好的状况，而从身体良好的状况也可知状况良好的身体。如若状况良好是指肌肉的结实，那么状况不佳必定是指肌肉的衰弱。要造成良好的身体，就在于使肌肉结实。

随之而来的是，相对的一方经常有多种含义，而另一方也有多种含义。例如公正的事物有多重含义，不公正的事情以及不公正自身都有多重含义。公正和不公正虽然有多重含义，但由于名义相近，所以那种同名异物的现象往往被忽略了。那些距离较远的事物中这样的现象就特别明显（外形不同的东西，这种差异就更加巨大）。例如动物的颈椎骨和开门的钥匙都叫做 kleis。

让我们谈一谈不公正的各种意义，一个违犯法律的人被认为是不公正的。同样明显，守法的人和均等的人是公正的。因而，合法和均等当然是公正的，违法和不均是不 1129b
公正的。

尽管对好处的多占是不公正的，但他并不是占有所有的好处，而只是与幸运和不幸有关的好处，总的说来这些事情永远是好的，但对某一个人却并非永远是好的。人们不应该贪求这样一些东西，而是即使选取对自己有利的东西，也要去追求那种既在总体上是善，而又对自己有利的东西。不公正的也不永远是选取多的部分，对坏处他总是选取少的部分。而由于缩小了的坏处就是在某种意义上的好处，所以他仍然是对好处的多占，我们说这也是不均，因为它对两种情况是共同的。

既然违法的人不公正，而守法的人公正，当然一切合法的事情在某种意义上都是公正的。因为合法是由立法者规定，所以我们应该说每一规定都是公正的。所以，法律是以合乎德性以及其他类似方式表现了全体的共同利益，或者只是统治者的利益。所以，从一个方面，我们说公正就是给予和维护幸福，或者是政治共同体福利的组成部分。

法律颁定了各种行为的准则，例如做勇敢的事就不准脱离岗位，逃跑或抛弃武器。做节制的事就不准通奸和粗暴，做温和的事就不准殴打和谩骂，对其他德性和恶行也是如此，鼓励德性而禁止恶行。如所颁的准则正确，法律也就正确，如若任意而行，也就是种坏法律。

这样看来，公正自身是一种完全的德性，它不是未加划分的，而是对待他人的。正因为如此，在各种德性中，人们认为公正是最主要的，它比星辰更加令人惊奇，正如谚语所说：

公正是一切德性的总汇。

它之所以为最完全的德性，乃由于它实行的是完全的德性。它之所以是完全的德性，是由于有了这种德性，就能以德性对待他人，而不只是对待自身。有许多人自己的
1130a 事情以德性对待，对待他人则不能。因此毕亚斯说得好："男子汉表现在领导之中"，因为一个领袖必定关心他人和共同的事业。

以同样理由，在各种德性之中，惟有公正是关心他人

的善。因为它是与他人相关的，或是以领导者的身分，或是随从者的身分，造福于他人。不但败坏自己，并且败坏亲友的人，是最邪恶的人。而最善良的人，不但以德性对待自己，更要以德性对待他人。待人以德是困难的。所以，公正不是德性的一个部分，而是整个德性；相反，不公正也不是邪恶的一部分，而是整个的邪恶。（从以上所说，德性和在这样意义下的公正，其差别显然可见。虽然同样是德性，但两者却不相同。公正是相关于他人的，德性则不过是种笼统的，未加划分的品质。）

2 我们要探索作为德性一个部分的公正。正如我们所说，存在着某种这样的公正。同样也存在着作为部分的不公正。这是有例可以证明的。一个人尽管做了其他坏事，但却一点也不多占。例如，由于怯懦而抛弃了武器，由于坏脾气而任意詈骂，由于吝啬而不肯帮助别人。一个人尽管是贪得无厌的，但却不干这些坏事，至少并不全干，但他仍是干了坏事，我们谴责他，他是不公正的。所以，确实存在着一种作为整体之部分的不公正，某种整体不公正事物的部分不公正，或整体违法的部分违法。其次有的人是为了得利而通奸，并增加了收入。有的人是由于欲望而通奸，他付出并受到了损失。这个人是个纵欲者而不是个贪得者，前者也是不公正的，但不是纵欲者，因为很清楚，他是为了得利。再其次，一切其他不公正的事物总要归结为某种耻辱。例如，通奸属于放纵，离队属于怯懦，发脾气属于易怒。如若为了得利而做丑事只能归于不公正，而不能归于其他。

1130b 这就清楚地表明，在整体之外还存在着部分的不公正。由于两者的定义属于同种，所以名称也就相同。两者都具有一种与其他相关的能力，或者与荣誉、财物和安全相关，或者出于来自得利的快乐，与某个可概括这一切的总名称相关；或者与贤智之人所关心的一切相关。

公正显然不只一种，在整体德性之外还有其他意义的公正。我们必须把握它是什么，是种什么样的东西。

不公正分为两类，一是违法，一是不均，而公正则是守法和均等。按照以上所说，违法就是不公正。然而违法和不均是相区别的，不是一回事情，是部分对全体的关系（因为不均全都是违法的，而违法并非全都不均）。这里所说的不公正的事情与不公正，与以前所说的有差别，而不是一回事情。这里是作为部分，那里是作为整体。这种不公正是整体不公正的一个部分。同样，这种公正也是整体公正的一个部分。这里所说的是作为部分的公正，和作为部分的不公正，对公正和不公正的事物也是这样。姑且让我们把相应的公正整体和不公正整体放在一边，公正是应用于他物的德性整体，不公正则是邪恶的整体。应该怎样规定与此类似的公正事物与不公正事物也是显而易见的。因为多数合法行为几乎都出于德性整体，法律要求人们合乎德性而生活，并禁止各种丑恶之事。为教育人们去过共同生活所制订的法规就构成了德性的整体。至于把人教育为善良的人的个别教育，是政治的还是别的什么，这待以后再详加讨论。因为做一个善良的人，和做一个善良的公民似乎并非一回事。

关于部分公正以及与此相应的公正事情，有一类表现在荣誉、财物以及合法公民人人有份的东西的分配中（因为在这些东西中，人们相互间存在着不均和均等问题）。另一类则是在交往中提供是非的准则。而后者又分为两 1131a
类，或者是自愿的交往，或者是非自愿的交往。自愿的交往，如买卖、高利贷、抵押、借贷、寄存、出租等等。（这类交往所以称为自愿，因为它们是以自愿开始的。）而那些非自愿的交往，则有时在暗中进行，如偷盗、通奸、放毒、撮合、诱骗、暗算、伪证等等；有时则通过暴力进行，如袭击、关押、杀害、抢劫、残伤、欺凌、侮辱等等。

3

既然不均的人是不公正的，那么不均的事物也是不平等的。在不均等的事物之间存在着一个中点，这个中点就是均等，因为任何行为中都存在着多或少，所以也就存在着中庸。如若不公正就是不均等，那么公正就是均等，这个道理不用说，人人都会明白。既然均等就是中间，那么公正也就是一种中间。如若均等至少是两者的均等，那么公正的事就必然或者是对某物和某人的中间和均等，或者是两个相等者的均等，或者是某些事物（也就是多或少）的中间，或者是公正，对某些人的公正。这样看来，公正事物必定至少有四项。两个是对某些人的公正，两个是在某些事物中的公正。并且对某些人的均等，和在某些事物中的均等两者相同。因为彼此所有的相同，如若两者所有的不均等，那么人们具有的事物也就不均等，争吵和怨恨就会产生。因为相等的人分得了不相等的事物，不相等的人反而分得了相等的事物。而根据各取所值的原则这是很显明的，没有人不同意，应该按照各自的价值分配才是公正。不过对所谓价值每个人的说法却各不相同。平民派说，自由才是价值，寡头派说，财富才是价值，而贵族派则说，出身高贵就是德性。公正就是某种比例，而这种比例的特质不仅由抽象的单位数目形成，而且由普遍的数目形成。比例的比值相等，这至少有四项。

（非连续性的比例显然有四项，而连续性的比例也是
1131b 这样。其中的一项被使用两次，而且分两次来说。A 与 B 的比，相等于 B 与 C 的比，这样 B 项就被提到两次，若把 B 当作两项，那么这个比例就由四项构成。）

所以公正至少也有四项，而其比值是相同的。因为人和事之间的比值是相同的。第三项对第四项的比，完全如第一项对第二项的比一样。再交替搭配，第二项对第四项的比，完全如第一项对第三项的比一样。这也就是说整体对整体一样。这种搭配影响着分配的结果，如若各项成这样的结合，其结果就是公正的。如若一、三两项以及二、四两项的结合是公正的分配，那么，这种公正就是中间，违反了这种比例就是不公正。从而比例就是中间，公正就

是比例。（数学家们把这种比例称为几何比例。因为在几何学中比例的全体对全体的比值，正如各项对各项。这种比例是非连续的，因承受者和事物不能构成单独的项。）

在这里，公正就是比例，不公正就是违反了比例，出现了多或少，这在各种活动中是经常碰到的。不公正的人所占的多了，受害人所得的好处就少了。在恶事上恰恰相反，与大的恶相比，小的恶在道理上就可以说是善。在选取恶时宁小勿大，在选取善时则越大越好。

这里所说的只是一类公正。

4

其余一类是矫正性的公正，它生成在交往之中，或者是自愿的，或者是非自愿的。这是与前者不同的另一类公正。分配性的公正，是按照所说的比例关系对公物的分配。（这种分配永远是出于公共财物，按照各自提供物品所有的比例。）不公正则是这种公正的对立物，是比例的违背。在交往中的公正则是某种均等，而不公正是不均，不过不是按照那种几何比例，而是按照算数比例。不论好人加害于坏人，还是坏人加害于好人，并无区别。不论是好人犯了通奸罪，还是坏人犯了通奸罪也无区别。法律则一视同仁，所注意的只是造成损害的大小。到底谁做了不公正的事，谁受到不公正的待遇，谁害了人，谁受了害，由于这类不公正是不均等，所以裁判者就尽量让它均等。倘若是一个人打人，一个人被打，一个人杀人，一个人被杀，这样承受和行为之间就形成了不均等，于是就通过惩罚使其均等，或者剥夺其所得。（这里所说的所得只是笼统地说，对某些情况并不恰当，例如对打人的人说所得，而对被打的人说损失。而仅就一种感受来说，称之为损失和所得。）既然均等是多和少的中间，那么所得和损失的对立也就是多和少的对立。好处多坏处少就是所得，反之就是损失。它们的中间就是均等，我们说就是公正，所以矫正性的公正就是所得和损失的中间。

所以，在争论不休的时候，人们就诉诸裁判者。去找裁判者就是去找公正，裁判者被当作公正的化身。诉诸裁判者就是诉诸中间，人们有时把裁判者称为中间人，也就是说，如果得到中间，也就得到了公正。公正就是某种中间，所以裁判者也就是中间人。

裁判者恢复了均等，正如对一条分割不均的线段，他从较长的线段取出超过一半的那一部分，增加到较短的线段上去，于是整条线就分割均匀了。这样，人们就说得到了自己的一份，也就是说，得到了相等的一份［均等就是按照算数比例的大和小的中间］。正因为如此，才把这样的做法称为公正。它是一种平分，所以有人把公正称为平分，而称裁判者为平分者、仲裁人。如若有相等的两部分，从其中之一取出一部分加到另一部分上去，那么被增加的这一部分就以两部分而大于另一部分。如若从那部分
1132b 所取出的部分不加在这一部分上去，那么这一部分就只以一部分而大于另一部分，以一部分大于中间，中间则以一部分大于被截取的那一部分。从以上的例子就可以明白，

应该做的事情就是，从过大的取出超过中间的那部分，增加到小于中间的部分上去。设定 AA、BB、CC，三者互等，现在从 AA 取出的部分为 AE，加到 CC 上去的是 CD，那么，整个 DCC 就以 CD 加 CF 而大于 EA，因此而以 CD 大于 BB。[这个道理也同样适用于其他技术，倘若一个患者不做所要做的，不按质按量承受他须承受的，就要死亡。]

所得和损失这两个词，是从自愿交往中借用来的。一个人的所有多于自己所原有的，就称为所得，他所有的比开始时少了，就称为损失。例如买进和卖出，以及其他为法律所允许的交易。如若没有增加，也没有减少，而仍然保持其自身，那么人们就说够本，既不受损失也没有得利。所以，公正就是在非自愿交往中的所得与损失的中庸，交往以前和交往以后所得相等。

5 还有些人把公正概括地看作是回报，例如毕达戈拉斯派的人就把公正一般地定义为与他人相互忍让。这种回报既不合乎分配的公正，也不合乎矫正的公正。(然而人们还是希望拉达曼图所说的就是这样的公正：

倘使人能承受自身的回报，
真正的公正就会来到。)

在很多情况下回报和公正是有区别的。例如一个首领打了人，他就不应反过来要挨打。如果被打的是首领，那打人的人就不仅要挨打，还应该受惩罚。此外，在自愿的事情

和非自愿的事情之间也有很大的区别。然而回报这种德性确是共同交往的维系，它是按照比例原则，而不是按照均
1133a 等原则。相互联系形成了城邦。要以怨报怨，若不然就要像奴隶般地受侮辱。要以德报德，若不然交换就不能出现。正是通过交换，人们才有共同来往，这就是为什么人们崇敬美惠女神的庙宇。以德报德是恩惠所固有的特点。不但他人的恩惠要回报，并且自己也要开始施惠于人。

这种互惠是由交易关系构成的，设定营造师为 A，制鞋匠为 B，房屋为 C，鞋子为 D。那么营造师要从制鞋匠那里得到他的成果，又把自己的成果给与鞋匠。如若在比例上首先相等，回报就随之而来，我们所说的情况也将出现。如果不是这样，交换就不存在。但这并不是说，这种成果不能高于那种成果，而是说应该使这些东西相互对等。这一道理也适用于其他技术。倘使一个患者既不做他要做的事情，也不按质按量地忍受治疗之苦，那就难免死亡。在两个医生之间并不互通，而在医生和农民之间，总的说来，在不相同、不相等的东西之间才互通。应该使这些东西相对等。因此，凡是在交换中的东西，都应该在某种形式上相比较。为了作比较，人们发明了货币，它是作为中间物而出现的。它衡量一切，决定价值的高和低。多少双鞋子等于一所房屋和定量的食品。营造师和制鞋匠之间的比例，也应与鞋子对房屋或食品之间的数量关系一样。如若不是这样，交换就不相通了。除非存在着某种意义上的均等，不然交往就不能形成。

如上面所说，一切事物都应用同一种东西来度量，这种东西真正说来就是使用，它把一切联结了起来，如若人们什么也不需要，或者没有同一的需要，也就没有交换或同一的交换。这种使用的交换在习惯上就发明了货币，它的名字叫法币，因为它不是由于自然而存在，而是依据法律而存在。我们可以改变它，也可以废除它。回报只有在使其相等的条件下才能进行。农民和鞋匠两者成果的对 1133b 比，正如农民和鞋匠的对比。对这种比例，应该制定一个比价表，才能进行交换。如若不然，双方就会各走极端，使一方占便宜，一方吃亏。只有在对等的条件下，双方才能各得其所，才能相通。只有在这个意义下它们才能相等（农民 A、食品 C、鞋匠 B、鞋匠的产品 D 与 C 平等），如若在这里没有回报，也就不能相通。

使用似乎是种把事物联结起来的东西。显然，倘若不在双方相互的，或单独一方的使用推动下，也就不会有什么交换。[人们输出谷物换回葡萄酒，正如某个人需要一个人所有的东西一样。]在这里必然是对等的。

倘使现在没有需要，这个需要是在将来，那么货币就是所预期的交换的保证，因为只要带着它就应该得到所要的东西。货币和其他东西有同样的命运，它也不能永远是相等的，不过总期望更加持久些。一切所需的物品都有一个定价，因而交换将是永远的，相通也将是永远的。货币作为一种尺度，可将一切事物公约，并加以等价化。倘使不存在交换，也就不存在相通，倘使不存在等价，也就没有交换，倘使不能公约，也就没有等价。实在地来说，这样千差万别的事物，是不可能有个公约数的，但对使用来说，这样也就足够了。这里应该有某种东西，它以一定的前提而存在，所以称之为法币。我们用货币来公约万物，所以事物成为可公约的。设定房屋为 A，10 个米纳为 B，卧榻为 C（设若一所房屋有定价，并定为 5 米纳），那么 A 就等于二分之一的 B。设定一张卧榻为十分之一的 B，那么多少张卧榻与一所房屋等价也就清楚了，是 5 张卧榻。这也可清楚表明，在货币出现之前，交换是怎样进行的，5 张卧榻对一所房屋，和 5 张卧榻的价格并没有什么区别。

我们已经说了不公正和公正是什么，从这些规定中可
104 以清楚见得，公正处于做不公正的事情和受不公正的待遇之间。一方面所有的过多，另一方面是所有的过少，公正
1134a 则是一种中庸之道。而不公正则是两个极端。公正还是一个公正的人在公正地选择中所遵循的一种行为原则。在分配中，不论是在自己与他人之间，还是他人与他人间，都不是把有益的东西给自己的多，而给同伴的少，对有害的东西则相反，而是按照比例平均分配，在他人与他人之间也不两样。不公正和不公正的事情并无区别，都是违反了比例，在有益和有害事物上的过多和过少。它造成了过多和过少，对自己在有益的事物上总是过多，而在有害的事物上则是过少。在对他人时整个地也不两样，不过在两个方面中，任何一个方面都可能与比例相违反。在不公正行

为中，最小的是受不公正待遇，最大的是做不公正之事。

公正和不公正，每一个的本性是什么，我们就说这样多。至于公正的和不公正的总的说来也是这样。

6

有的人做了不公正的事情，却不一定是不公正的人。那么在各种不公正的事情中，例如，偷窃、通奸、掠劫，做什么样的事才是真的不公正呢？还是不论做什么都没有区别呢？因为一个人可能和一个认识的妇人同眠，但它的起因并不是主动的选取，而是被动的感受，他虽然做了不公正的事，却不能算做不公正的人。一个人偷了东西，但不是一名窃贼，一个人私通了，却不是一个奸夫，在其他事例上也是这样。

回报是种什么样的关系，前面已经说过了。

但是不应忘记，我们所探求的不仅是一般的公正，而且是政治的或城邦的公正。这种公正就是为了自足存在而共同生活，只有自由人和比例上或算术上均等的人之间才有公正，对于那与此不符的人，他们相互之间并没有政治的公正，而是某种类似的公正。公正只对那些法律所适用的人才存在，法律只存在于不公正的人们中，判决就是公正和不公正的判别。在人群之中如若夹杂着不公正的人，就可能做出不公正的事来（虽然做不公正的事，并非完全是不公正）。总的说来，做不公正的事情总是把好处多归于自己，把坏处少归于自己。所以我们不允许个人的宰
治，因为他可以为了自己而成为暴君，而是允许法律的宰 1134b

治。有领袖维护公正，如若他维护公正也就是维护中间。一个公正的领袖对自己毫不多取（除非按照比例，他自己什么好处也不多占，他是为他人而工作，所以，如前面所说的，公正就是关于他人的善）。因此应该对他有所补偿，这就是荣耀和尊严，有人不以此为满足，他就会成为暴君。

主人的公正和父亲的公正，虽然在这里说的有些相似，但并不完全相同。总的说来，对自己的所有物，无所谓公正和不公正。奴隶与尚不到独立年龄的孩子，正如自己身体的一部分，谁也不会有意地来伤害自己，从而对他们是不存在不公正的。所以既非不公正，也非政治上的公正。政治的公正是以法律为依据而存在的，是在自然守法的人们之中，这对于治理和被治理都是同等的。与孩童和奴隶相比，公正对妇女更合适，这就是家室的公正，它和城邦的公正并不相同。

7

政治的公正，或者是自然的，或者是传统的。自然的公正对全体的公民都有同一的效力，不管人们承认还是不承认。而传统的公正在开始时，是既可以这样也可以那样，然而一旦制订下来，就只能是这样了。例如囚徒的赎金是一米纳，做供品只能是一只山羊，而不能用两只绵羊。传统的立法只能对个别事件，例如对布拉西达斯的祭祀典礼，以及各种选举规定。在一些人看来，所有的公正都是如此，而出于自然的东西是不能变动的，对一切都有同等效力，正如火焰一样，不论在波斯还是在希腊都同样燃烧，而他们看到公正却是变动着的。然而，实际并非如此，只在某种意义上如此。对于众神来说似乎并非如此，就是对于我们也有某种以自然为依据的东西。尽管一切都是可变动的，然而有些是出于自然，有些不是出于自然。在那些被认为是可变动的事物中，哪一些是由于自然，哪一些不是由于自然，而是法定的，是由于传统，这是显而易见的，虽然两者同样是可变动的。这种区别也可以用在其他事例上，如右手自然更加有力些，但并不妨碍一切人双手都可以很灵巧。由于传统和方便而为公正的事物，与度量相似，谷物和酒的度量就不是无处不等，而是在批发时大些，在零售时小些。那并非由于自然，而是由 1135a
于人的公正也是这样，它并不是无处不适用的，所以政体也不都是一样的。不过到处都是合乎自然的、最好的政体只有一个。

公正和法律的规定，对于个别的行为来说，每一条都是普遍的，因为所行的事为数众多，但那些规定每条都是单一的，从而是普遍。

不公正的行为和不公的事情并不相同。不公正之事依据自然或由人为安排而存在，它是自身同等的，如若行了不公正之事才是不公正行为，在没有被实行之前，它仍然只是不公正的事情。行公正也是这样（然而行公正的意思乃是不公正的矫正，最好是用一个共同的词，称之为公正行为）。

至于公正的各种规定，每一种的性质是什么，数目有多少，与什么东西相关联，这待以后再加讨论。

8

至于说到做公正的事和做不公正的事，不管做事公正还是不公正，都要有意地来做。如若是无意的，那就不是做不公正的事，也不是公正行为，而是凭着机遇。在行动着的人们，有的人碰巧是公正的，有的碰巧是不公正的。不公正行为和公正行为又有自愿和不自愿的区别。一个人说谎，既是自愿的，它同时也是不公正的行为。正如不公正的事情一样，如若行为不是出于自愿，也不是不公正的行为，在前面我说过，所谓自愿就是一个人知道自己所做的事情，他的行为不是无知的，不是既不知道对象是什么，也不知所用的是什么，所为的是什么（例如殴打的是谁，用什么殴打，为什么殴打）。像这样的一些情况，每一种都不是由于机遇，也不是由于强制。例如别人拿着他的手去打另一个人，这不是出于自愿，因为他不能自主。一个被打的人可能是他的父亲，他只知道这里有一个人，或在面前的人中的一个，但并不知是父亲。这一分析同样适用于目的以及全部行为。不自愿行为是不知
1135b 道，或者虽然并不是不知道，但是身不由己，受到强制。
还有许多所知的自然过程，我们行动着，承受着，却说不上是自愿，还是非自愿，例如老化和死亡。有些行为由于机遇既可以是公正的，也可以是不公正的，某个人虽然不愿，但由于害怕而归还了押金，这样的行为就既不应该说

他做事公正，也不应该说是不公正，而是出于机遇。同样，他若并非自愿，而是被强迫着没有归还押金，那就应该说他做不公正的事，或行为不公正，不过这是由于机遇。至于那些自愿的行为，有的是经过选择而做的，有的是未经过选择而做的。经过选择的行为有事先的考虑，不经选择的行为没有事先的考虑。

在共同生活中存在着三种伤害。由于无知而造成的伤害是过失。也许不知是对什么人，什么事，使用什么，为了什么而就做了。例如，他并不想打，或者用投枪打，为了这个目的，打这个人，而结果却事与愿违（例如，本来只想刺一下，而不是去伤人），或者对象和工具与所想的不同。伤害如若是违反理性而发生的，那就是一种意外；如若虽不违反理性，但并无恶意，那就是误伤（无知的误伤，原因在人自身之内，若在自身之外那就是意外）。最后，如若虽然知道，但并非预谋而造成了伤害，那是不公，或者由于冲动，或者由人们本性所必有的感情，伤害和过失的造成者做了不公正的事情，所以是不公。但并不由于这些而是不公正或恶劣的，因为他们并非出于恶意。伤害不是出于邪恶。如若经过选择而这样做，那就是不公正、丑恶的人了。

所以，对那些出于冲动的行为，要从其是否有预谋来判断，这种主张是有道理的，因为这些行为的起因并不在于冲动，而在于惹起恼怒的人。再者，问题并不在于一件事情是否发生，而在于它是否公正，而惹起恼怒显然是不公正的。正如在契约的签订中，事实是不需辩论的，除非其中的一方是无赖，想为自己辩解。事实的存在是众所周知的，争论的是公正在谁的方面。这一方面认为自己受到

1136a 不公正待遇，另一方则加以否认。如若一个人经过选择去伤害他人，他就是做了不公正的事，这件事是不公正的，做不公正事的也是不公正的人。这种事情既违反了比例，也破坏了均等。同样，一个人经过选择去做公正的事情，他就是个公正的人。也就是说，只有在自愿去做的时候，这才是公正的行为。

对于那些非自愿行为，有的是可以谅解的，有的则不可谅解。对于那些不仅不知道，而且是出于无知的过错，可以谅解。对于那些不是由于无知，或者既无知又为那些非人性之常的激情所驱使而犯的过错，则不可谅解。

9

对于做不公正的事和忍受不公正待遇已作了充分的区别。有人表示疑惑，是否真就像欧里庇德斯以一种莫名其妙的话所说的那样：

我杀死自己的母亲，说来简短，
到底是有意的自愿，还是无意的不自愿？

是否忍受不公正的待遇果真是自愿的，或者相反，忍受不公正待遇从来都是非自愿的。同样，做不公正的事是否从来都是自愿的呢？忍受不公正待遇从来都是或自愿或不自愿，还是有的自愿，有的不自愿呢？这一问题同样适用于受公正待遇（因为公正行为全部都是自愿的）。所以，像

在个别情况下那样，把受不公正待遇和受公正待遇对立起来，或者是自愿的，或者是不自愿的。有人认为受公正待遇全都是自愿的，这并无根据。有些人，接受公正待遇并非出于自愿。有人提出这样的问题，一个人承受了不公正的事情，就是受到不公正的待遇吗？还是承受不公正待遇也像不公正的行为呢？两者很可能碰巧会成为公正的一部分。显然这也适用于不公正的事情。因为行事不公正和待人不公正并不是一回事情，正如承受不公正的事情和被不公正对待不是一回事情一样。至于公正行为和受公正待遇也是这样。没有行事不公正的人，也就没有人受不公正待遇。没有行事公正的人，也就没有人受公正待遇。

如若一般说来，行事不公正就是有意地伤害人。而有意的伤害，就是明知被伤害的是什么人，用什么工具，以什么方式。而一个不能自制的人，会有意地自己伤害自己，有意地受不公正待遇。那么，就得承认自己可能对待自己不公正（而自己是否可能对待自己不公正，正是个有争议的问题）。此外，一个人由于不能自制，还会有意地去受他人的不公正待遇，从而受不公正对待可以是自愿的。如若这里的规定还不确切，那么，在明知所伤害的是什么人，用什么工具，以什么方式之外，还应补充上“违背了那人的意愿”。这样看来，即使某人有意被伤害，有意忍受不公正待遇，但谁也不会自愿受不公正待遇。因为谁也不会甘愿受不公正待遇，甚至没有自制力的人也不会甘愿，而是行为和意愿相违背。谁也不会愿意去得到他所认为不好的事情，一个没有自制力的人却做出他认为所不应做的事情。一个人所给予的总是自身所有的东西。正如荷马所说的戈劳考斯给予笛麦德：

以黄金甲胄回报青铜甲胄；
用一百头肥牛而不是九头。

这就不是受到不公正待遇。因为给予是出于自身，不公正待遇则不是出于自身，而是另一个行事不公正的人。从而，受不公正的待遇，显然是非自愿的。

在各种问题中，我们还想拣出两个来谈谈。分配和所得的多于所值，果然就是做了不公正的事吗？人是否可以对自己不公正呢？如若在前一种情况，那做事不公正的是分配者，而不是多得者。如若明知并且有意地对他人的分配多于自己，这个人就是对自己做了不公正之事。而这类事情只有那些谦虚知足的人才肯做，贤明的人总是自奉简约。不过这话不能笼统地说，如若凑巧，他得到更多的其他好处，如美誉和各种奖励。而且这个问题，按照对不公正事情的定义也可以解决。谁也不会忍受与自己意愿相违背的事情，所以不会因这种事情而受不公正的待遇。如果有，也仅是点伤害。

很明显，做了不公事情的是分配者，而往往不是多得者。不公正的事并不寓于接受不公正的人中，不公正的始点即是行为的始点。它在分配者中，而不在接受者中。其次“做”这个词有多种含义。例如一种无生命的东西，手以及一个受指使的奴隶杀了人，这是做了不公正的事，却不是行为不公正。此外，一个出于无知而作出的判断，那就算不得做了不公正的事，这一判断也不是法律意义上的不公正（虽然是不公正，但原始意义的和法律意义的并不相同）。如若明知而作出了判断，那就是不公正了。他自 1137a
己或者多占了好处，或者过度地报复。正如一个人在分配方面做事不公正，由于这种不公正的判断，他多占了份额，在那种情况下分配土地，实际上他得到的是金钱，而不是土地。

有些人认为自己须对所做的不公正事情负责，所以做公正的事也甚容易。但实际上并非如此。如与邻妇同房、殴打伙伴、行贿是容易的，应由自己负责。然而形成做这类事情的习性却是不容易的，不能由自己负责。与此相同，有些人认为，不需要智慧也能知道什么是公正，什么是不公正，因此对法律所颁布的事情并不难适应。但这种公正并不是公正自身，而是凭着机遇。而对怎样行事，怎样分配才是公正，这一工作比知道怎样恢复健康更难。虽然在医疗方面，知道什么是蜂蜜，什么是葡萄酒，什么是芦根，什么是熏炙，什么是开刀是容易的。然而怎样运用它们来治病，用在什么人身上，在什么时刻用，这样的工作完全是医生的工作了。正是由于这样的缘故，人们认为一个公正的人，同样可以做不公正的事，因为公正的人并非不可能有更多个别的不公正行为，如与邻妇同房、打人等等。一个勇敢的人，也难免抛弃武器，左躲右闪，以至逃跑。而一个怯懦的人，做不公正的事（然而除非巧遇）却未必做这类事情。做这类事情是一种习性，正如医生治病并不在于动刀或不动刀，下药或不下药，而是一种习性。

公正存在于那些总是与善同在的人们中，他们所有的有些过多，有些过少。有一些人，对他们来说善事无论如何也是不会过多的，对众神也许就是这样。有一些人，对他们任何一点善都是毫无益处的，如对怙恶不悛的人，对他们所有的善都是有害的。对于一些人，只有一定限度的善，这就是属人的善。

10

接着上面，我们说一说公平和公平的事物，公平和公正是个什么关系，公平的事物和公正的事物有什么关系。既不能笼统地说两者是同等的，看起来也不能说它们是相异的东西。有时公平和公平的事物受到赞扬，人们甚至用公平代替了善良，转而用公平称道其他事物，把更为公平和更加善良相等同。有时这显得有些荒唐，如若在公正之外还有某种公平是可赞美的，那么，或者两者不同，可能公正不是好事，或可能公平不是好事。如若两者都是好事，那么两者就是一回事了。由于这样一些原因，就出现一个似乎难以回答的问题，它们是否都以某种方式是正确的而与自身不相矛盾。公平是种优于公正的公平，虽然它优于公正，但并不是另一个不同的种，公平和公正实际上是一回事情，虽然公平更有力些，但两者都是好事情。问题的困难在于，公平虽然就是公正，但并不是法律上的公正，而是对法律的纠正。其原因在于，全部法律都是普遍的，然而在某种场合下，只说一些普遍的道理，不能称为正确。就是在那些必须讲普遍道理的地方，也不见得正确。因为法律是针对大多数，虽然对过错也不是无所知。不过法律仍然是正确的，因为过错并不在法律之中，也不在立法者中，而在事物的本性之中，行为的质料就是错误的直接根源，就是对法律所规定的原则出现了例外。尽管立法者说了一些笼统的话，有所忽略和出现失误，那么这些缺点的矫正就是正确。如若立法者在场，他自己会这样做，如若他知道了，自己就会把所缺少的规定放在法律中了。所以公平就是公正，它之优于公止，并不是一般的公正，而是由于普遍而带了缺点的公正。纠正法律普遍性所带来的缺点，正是公平的本性。这是因为法律不能适应一切事物，对于有些事情是不能绳之以法的。所以应该规定某些特殊条文。对于不确定的事物，其准则也不确定。正如累斯博斯岛的营造师们的弹性准则，这种准则不是固定不变的，而是与石块的形状相适应的。特殊条文对事物也是如此。

什么是公平这里就说清楚了，它就是公正，而且优于某种公正。从而，什么是公平的人也无须多说，他就是经过选择而做那些公正的事情的人。他不墨守成规，领取少于法律所规定的份额。一个公平人的品质就是公平，这只是公正，而不是另一种品质。 1138a

11

从以上所说，一个人是否能对自己不公正的问题也就清楚了。有一类公正行为全部合乎由法律所规定的德性。例如法律不要人自杀（法律所不要的事情，就是它所禁止的事情）。此外，如若有人违犯了法律有意地进行伤害（为反击而进行的伤害除外），这是做了不公正的事情（所谓有意地，就是他明知所伤害的是谁，用什么工具）。一个人由于愤怒而有意地刺伤自己（这是违反正常理性的），为法律所不容。这样的行为当然是不公正的。然而，是对什么人不公正呢？当然是对城邦而不是对他自己。因为忍受痛苦可以是自愿的，但是谁也不会自愿忍受不公正待遇。这就是为什么，城邦要惩办那些自我毁伤的人，侮辱他，好像他对城邦做了不公的事情一样。

此外，在某件事情上做得不公正，仅只是一件事情上的不公正，而不是全部不公正。（在这里，意义与以上所说有所不同。）这样不公正的人其罪过有一些与怯懦相似，不是全部的罪过，这种不公正显示不出罪过自身。如若在同一事物上某物可同时增加或减少的话，而这件事情却是不可能的，公正和不公正必定出现在不同的人身上。此外做公正的事情必须是自愿的，经过选择而有事先准备。（一个人由于受到虐待而进行同样的报复，这不能说是做了不公正的事。）但是，一个人伤害自己，那么他就既是个受害者又是个害人者。此外，一个人可能自愿地受不公正的待遇。一个人除非做了某种不公的事情，不然谁也不能说他做事不公正。一个人不能与自己的妻子通奸，不会打破自己的门进行掠劫，不会偷盗自己的财物。按照对人是否自愿地被不公正地对待的分析，人是否会自愿地对待自己的问题就整个解决了。

用不着证明，被不公正对待和不公正待人，两者都是坏事（一种是少于中间，一种是多于中间）。中间在医术中就是健康，在体育中就是适度。行事不公正总是件坏事，因为行事不公正就要带来邪恶和谴责，或者完全的邪恶，或与此相近的事情。因为并非全部自愿不公正行为都带着邪恶。而被不公正对待则不带邪恶和不公正。被不公正对待就其自身而言不是件什么大的坏事，但这不是说它不会碰巧成为大的坏事，这是无法以技术来决定的。（例
如胸膜炎说来比扭伤是更严重的疾病，可是扭伤碰巧可能 1138b
产生严重的后果，万一由于扭伤跌倒而落入敌人之手，就会被杀害。）

换句话打个比方来说，公正并不是自己对自己的关系，而是自身的这一部分对另一部分的关系。但并非所有的公正都是这样，而只有主人和奴隶之间的，家长和家属之间的公正才是这样。有人以此为理由对灵魂的理性部分和非理性部分加以区别。人们从这里看出，人似乎能对自己不公正，因为有些部分违背着自己的意愿而忍受着，这仿佛是主宰者和被主宰者的相互关系，对他们也有某种公正。

关于公正和其他伦理德性，我们就说这样多。

第六卷

1

前面我们已经说过，人们应该选取中庸，既不过度，也非不及。而中庸是作为正确的原理或理性来表述的，我们就来讨论这一点。

在我们所说的品质中，正如其他事物一样，都有一个目标，具有理性的人，或者急迫些，或者迟缓些，总是以它为归向。中庸之道，也就是过度和不及的居间者，由于它以正确的理性为依据，就存在某种准则。然而，说一些这类的话当然是真理，但并不说明问题。在另一方面，在那些科学对象的探讨中，说什么不要做得过度，也不要做得不及，更不要松懈，只有中间才是正确理性等等，固然也是真理，但是只知道这一点的人，不会变得更加聪明。例如，一个人只说应该按照医术和懂医术的人所要求的那样，也就不知道到底应该怎样处置身体。所以，对于灵魂的品质，不仅仅要说这类大实话，还要判明正确的理性是什么，这种理性的准则是什么。

我们就把灵魂的德性加以区别，有一些我们称之为伦理的德性，另一些我们称之为理智的德性。关于伦理的 1139a
德性，我们已经讨论过了。关于其余的德性，我们首先说一说关于灵魂的事情。前面已经说过，灵魂有两个部分，一部分是具有理性的，另一部分是无理性的。现在，我们以同一方式对理性加以划分，设定有理性部分也分为二，一部分是考察那些具有不变本原的存在物，另一部分是考察那些具有可变本原的存在物。相应于那些种上不同的对象，每一个都自然要在灵魂上有不同种的部分。因为只有凭借某种相似性，人们才能获得知识。在理性部分中，我们把一部分称为认知的，把一部分称为推算的。推算和考虑是一回事。谁也不会去考虑那些不能变化的事情。所以推算是理性灵魂的一个部分。由于两个部分各有其德性，我们应该确定，其中哪一部分的德性是最好的。

2 德性与固有功用相联，在灵魂中有三种因素主宰着行为和真理，这就是感觉、理智和欲望。在三者之中，感觉决不能是行为的开始点，这从野兽虽然也具有感觉，但与行为无缘的事实就显然可见。

在欲望中有追求和躲避，正如在思考中有肯定和否定一样。伦理德性既然是种选择性的品质，而选择是一种经过思考的欲望。这样看来，如若选择是一种确当的选择，那么理性和欲望都应该是正确的。它既是一种肯定，也是一种追求。这样的思考是一种实践的真理，而思辨的、理论的思考则不是实践的，它只有真与假而不造成善与恶。寻求真理是一切思考的功用，而实践思考的真理要和正确的欲望相一致。

行为以选择开始（是运动由之开始之点，而不是所为之点），而欲望和有所为的理性则是选择的始点，所以品质的选择既离不开理智和思考，也离不开伦理和品质。因为，不论好行为还是坏行为，都是思考和习惯相结合的产
1139b 物。思考自身不能使任何事物运动，而只有有所为的思考才是实践性的。它是创制活动的开始，一切创制活动都是为了某种目的的活动。而被创制的事物的目的不是笼统的，而是与某物相关，属于何人，它是行为的对象。良好的行为就是目的，它是欲望之所求。所以，选择或者就是有欲望的理智，或者就是有思考的欲望，而人就是这种开始之点。

（已经发生了的事情是不可选择的。例如，谁也不会选择去洗劫特洛伊城。已经发生了的事是用不着考虑的，而所考虑的是将要发生和可能发生的事情。不可能让发生了的事情不发生，阿伽松说得好：

> 让已经做成了的事情不做成，
> 就是神仙也无能。）

理智这两个部分的功用就是真理。各种品质以它为依据，而使个别事物成为真理，这也就是两者的德性。

3

让我们再从头对这些德性作进一步讨论。设若灵魂通过肯定和否定而取得真理的方式有五种，这就是：技术、科学、明智、智慧、理智，而在论断和意见上是可能失误的。

如果从严格意义上，而不是引申的类似意义上讲科学是什么，其意义是明显的。我们全都认为，科学地认识的东西是不可改变的，而可改变的东西既处于考察之外，那也就无法知道它们是存在还是不存在。凡是出于必然的东西，当然能被科学地认识，当然是永恒的东西。而凡是出于必然而存在，当然完全无条件是永恒的。而永恒的东西既不生成也不灭亡。此外，一切科学看来都是可传授的，凡是能被科学地认识的东西都是可学习的。如我们在《分析篇》里所说，一切传授都须从一个前在的知识出发。有的要通过归纳，有的要通过演绎。而归纳所得到的东西是开始之点和普遍者，演绎则从普遍出发。普遍是演绎由之出发的始点。它自身则不是来自演绎而是来自归纳。科学具有可证明的品质，这在《分析篇》里有进一步的规定。因为只有在人具有某种信念，对于开始之点知之甚明的时候，他才能有科学的知识。如若他所知的并不比结论更多，那么，他所有的知识是偶然的。

让我们对科学只作这样多的规定。

4

那些有可能改变的事物，是可被制作的，可被实践的。 1140a
创制和实践互不相同（关于这种信念，就是那些外行人也可滔滔不绝)。因为，实践所具有的理性品质不同于创制所具有的理性品质，两者并不相互包容。实践并不是创制，创制也不是实践。营造术就是一种技术，并且是创制的理性品质。如若不具备理性品质，创制也就不是技术，这种品质不存在，技术也就不存在。所以，技术和具有真正理性的创造品质是一回事情。一切技术都和生成有关，而进行技术的思考就是去审视某种可能生成的东西怎样生成。它可能存在，也可能不存在。这些事物的开始之点是在创制者中，而不在被创制物中。凡是由于必然而存在的东西都不是生成的并与技术无关，那些顺乎自然的东西也是这样，它们在自身内有着生成的始点。既然创制与实践不同，那么技术必然是创制的而不是实践的。所以在某种意义上说，技术就是巧遇，正如阿伽松所说：

技术依恋着巧遇，
巧遇依恋着技术。

正如所说，技术就是具有一种真正理性的创制品质，而无技术则相反，就是具有一种虚假理性的创制品质。两者都是关于可变事物的。

5

关于明智，只要我们考察那些明智的人，就可以明白了。所谓明智，也就是善于考虑对自身的善以及有益之事，但不是部分的，如对于健康、对于强壮有益，而是对于整个生活有益。甚至人们善于计较以得到某种益处，我们也称之为一种明智(这种目的是不属于技术的)。

总的说来，一个明智的人就是善于考虑的人。谁也不会去考虑那些不可改变的事物，对于这些事物，他不能有所作为。正如证明的科学，这些科学的开始之点或本原是可以改变的，不是证明的（因为一切都是可以改变的）。人们不能考虑那些出于必然的事物，所以明智并不是科学，也不是技术。它所以不是科学，是因为实践的东西是可以改 1140b 变的。它所以不是技术，是因为技术和实践种类不同。实践不是这样，良好的实践本身就是目的。总而言之，它就是关于对人的善和恶的真正理性的实践品质。所以，我们认为，像伯里克利那样的人，就是一个明智的人。他能明察什么事对自己和人们是善的。像这样的人才是善于治理家庭、治理城邦的人。

（由此，我们把节制也称为明智，因为它保持了慎思明辨。但它所保持的只是以上所说的论断，不是一切形式的论断，而只是关于行为的论断，因为有些论断是快乐和痛苦所不能毁灭和改变的，例如三角形等于或不等于两直角。行为的开始之点，就是行为所为的目的。被快乐和痛苦所败坏的人，不能清楚地看到开始之点，不知行为是为了什么，不清楚一切通过什么而选择和实行。邪恶是对开始之点的破坏。）从而，明智必须是对人的善，是真实理性的实践品质。

不过在技术中有善于，有德性，而在明智则无所谓善于，也无所谓德性。在技术中有意的错误，则显示其技术的更加高超，在明智中则表示德性较差。这就清楚表明明智是种德性而不是种技术。在理性灵魂中存在着两个部分，意见是关于可变事物的部分，明智也是这样。不过它不仅仅具有理性品质，理性品质是可被遗忘的，明智则遗忘不了。

6

科学就是对普遍者和那出于必然的事物的把握。凡是证明的知识，以及全部科学都有开始之点（因为科学总伴随着理性）。然而科学的起点却不是科学、技术或明智。那些偶然存在着的认识方式以改变的东西为对象，而智慧并不以开始之点为对象，智慧的人以那些可证
1141a 明的知识为对象。如若我们用什么对那可变的和不变的东西获得真理，而不犯错误，那就只能是科学、明智、智慧和理智，在这里有三个其中任何一个都是不能做到这一点的（我说的这三个就是明智、科学和智慧），所剩下的只能是把握开始之点的理智。

7

在技术中，那些技术最娴熟的人被称为有智慧，例如菲迪亚斯在石刻上有智慧，包吕克莱特在雕像术上有智慧。这样看来，智慧不过表示在技术上的特长或德性。不过，我们认为有些智慧全面的人，而不是在某一部分上，或对某种特殊的东西，例如荷马在马尔基太斯中所说：

诸神不让掘园者智慧，
也不让耕夫，

一切其他个别事物都无份。

那么，显然在各种科学中，只有那最精确的科学才可以称为智慧。所以，一个智慧的人绝不可只知道由始点引出的结论，而要有关于开始之点的真理性的认识。所以，智慧既是理智也是科学，在高尚的科学中它居于首位。

有的人认为，政治和明智是最优越的，这完全是无稽之谈。因为在宇宙之中，人并不是最善良的。如若健康和善良对于鱼和人各不相同，白和直却总是处处相同，那么一切人所说的智慧都是一回事，而什么是明智则各不相同。任何事物如果能对自身照看得很好，就可以说是明智，它能够对自己的生活有明显的预见。所以，智慧和政治显然不是一回事情，因为如若能对自己说出有益的事情就是智慧，那么智慧就要多种多样了。那么就没有对全部生物都善良的单一智慧，而是各种不同的智慧，1141b 正如没有对一切生物的单一医术一样。或者说，人优于其他生物，但这也并不两样。因为还有许多在本性上比人更为神圣的东西，最明显的就是那些构成宇宙的天体。

从以上所说，就可以明白智慧是对在本性上最为高尚事物的科学和理智而言的。正因为如此，人们才称阿那克萨戈拉和泰利士为有智慧的人，而不称为明智的人。人们看到，他们对自身得益之事并无所知，而他们所知的东西都是罕见的、深奥的、困难的、非人之所能及的，但却没有实用价值。因为，他们所追求的不是对人有益的东西。明智是对人的事情，人们对它加以考虑。所以，考虑就是明智的最大功用。谁也不会去考虑不可改变的东西，这些东西不是什么目的，也不是可行的善。总而言之，一个善于考虑的人，须经过核计而获得对人最大的善。明智不只是对普遍者的知识，而应该通晓个别事物。从而，一个没有知识的人，可以比有知识的人干得更出色。因为只有对个别事物的行为才是可行的。例如，知道瘦肉容易消化，有益健康，但不知道什么肉是瘦的，还不如只知道鸡肉有益于健康。在其他事物中也是有经验的人占先。明智是实践的。理论与实践两者都为必要，但重要的还是经验，但这里还要有某种匠心为指导。

8 政治学和明智的品质相同，而它们的存在却不一样。对城邦的明智起主宰作用的是立法，另一种明智是关于个别事物的，两者的名称相同，都是政治学。关于个别事物的明智既是实践的又是考虑和计议的（因为法规作为计议的结果是可实践的）。人们只把这样的人称为进行政治活动，因为他们像一些手工匠人那样，所谓明智主要是对自己一个人的。它们有着这样一个共同名称，明智。在其他方面则有的是家政、有的是立法、有的是政
1142a 治。而在政治上又有议会的和立法的区别。只顾自己是明智的一类，由此它与许多别的不同。不过人们都认为过着只顾自己的生活才是明智，那些政治家则是百事忙。所以，欧里庇德斯说：

明智就是宁静安闲，

作为群众的一员，
所取的只是平均的一份，
既不奢望也不好高骛远。

因为人们认为，去寻求自身的善是应有的行为。根据这样一种意见人们认为，像这样才是个明智的人。尽管离开了家庭，离开了城邦就没有什么是自己的。不过到底怎么照料自己的生活才是应该，现在还不清楚，需要研究。

以上意见，可从以下事实得到证明，青年人可以通晓几何、算术，在这方面成为智慧的，却没有人说变得明智。其原因在于明智不仅是对普遍事物的，而且是对特殊事物的，这须通过经验才能熟悉，青年人所缺少的正是经验，而取得经验则须较长时间。（有的人还提出这样的问题，为什么一个孩子可以懂得数学，却不能懂自然哲学并变得智慧。其原因在于，青年人并没有信念，而只是口头上说说。数学是由抽象而来，什么是开始之点则须通过经验，它们到底是什么并不显然。）此外，在考虑之中有双重错误，或者是关于普遍事物的错误，或者是关于个别事物的错误，或者一切沉重的水都是有害的，或者只是这种沉重的水是有害的。

明智显然并不是科学，如上所说，它们以个别事物为最后对象，只有个别事物才是行为的对象。明智与理智相对立。理智以定义为对象，这不是理性所能提供的。明智以个别事物为最后对象，它不是科学而是感觉。不是某种感官所固有的感觉，而是在数学对象中，用来感觉个体三角形的那种感觉，并在那里停住脚步。这种感觉并不是明智，只不过是另一类感觉。

9

应该来讨论一下什么是好的谋划。它是某种科学知识，或者是意见，还是一种好的推断，或者是其他
1142b 的东西。它当然不是什么科学知识，因为人们对于知道了的东西就不再探索了。好的谋划是一种谋划，进行谋划的人要探索、要推算。探索和谋划也有区别，谋划是某种探索。好的谋划并非好的推断。因为好的推断无须进行什么论证，并且很快地得出结论，谋划则需很长的时间。正如人们所说，谋划要慢慢进行，谋划既定即迅速实践。好的谋划和思想敏捷也不一样，思想敏捷乃是善于推断。好的谋划绝不是意见。而谋划得不好的人要犯错误，好的谋划就是正确的谋划。所以，显然好的谋划就是种正确性。它既不是科学的正确性，也不是意见的正确性。因为并不存在科学的正确性（既然是科学那就不会是错误的）。而意见的正确性也就是真理。与此同时意见的对象也都是规定了的。（好的谋划则不能讲道理，作论证，所以它只能是思考，这种思考尚非一种肯定。）因为成为意见就不再探索而是某种肯定。一个谋划着的人，可以谋划得好，也可以谋划得不好，但他总在探索着什么，在推算着。

既然好的谋划就是某种谋划的正确性，所以我们首先应该探索谋划是什么，以及关于什么的谋划。并且，既然正确性有多种含义，显然不能一切正确性都是好谋划。一

个不能自制的人和一个坏人也树立一个通过推算、谋划所应该达到的目标。这样他的谋划若是正确，所做的坏事也就更大。所以，好的谋划看来乃是某种善。好的谋划所谋划的这种正确性，须以善为目标。然而有时通过错误的推理也可以达到善。人们碰巧做了所应该做的事，不过中词是错误的，而不是通过所应该的手段。所以那种碰巧达到了所应该达到的目的，而不通过应该的手段的谋划，并不是好的谋划。此外，有时谋划用的时间多一些，有时用的时间少一些，然而用时间多的谋划并不就是好谋划。好的谋划是对有用事情的正确谋划，对应该的事情，以应该的方式，在应该的时间。此外，好的谋划有的是就总体而言，有的是对某一目的而言。就总体而言的，是对总体目的的正确，此外则是对某一目的而言的。如若明智的人也是善于谋划的，那么好谋划乃是就导向这一目的而言的那种正确性，明智是对这一目的的真正把握。

10

还有理解和好的理解，由此我们说有些人富于理解和好的理解。理解与科学知识不完全是一回事，和意见也不是一回事，若是一回事，所有的人都是富于理解的人了。它也不是某种部分的科学，如医学之对于健康，几何学之对于积量。理解不以那些永恒不动的东西为对象，也不以任何一种生成的东西为对象，而是关于那些引起困惑，须加考虑的东西。所以理解的对象与明智相同，虽然理解和明智并不是一回事。明智是指令性的（它有着自己的目的，并且指出应该去做，还是不应该去做）。理解则只是判别性的。所以，理解和好的理解是一回事，富于理解的人和富于好理解的人是同样的人。所以，理解既不是具有明智，也不是取得明智，而是如像在科学知识的运用上我们把习知称为理解。所以理解也可以运用意见于明智的对象，以判别他人之所说，并且是善意的判断（因为善良和好是一回事情），由此而产生了理解这个名称。正如在学习中那样，我们经常把习知称为理解，把学习好的人称为富于好理解的人。

11

还有一种德性称为体谅，有些人被称为善于体谅或宽容。体谅是对平等的正确判别。这从我们认为一个公平的人最是能体谅的，就可以看得出来。在有些情况下，公平对待也就是体谅和宽容。宽容就是体谅，是对公平事物作出正确的判断。

人们很有理由认为，全部道德品质都是与同一事物联系着，我们说体谅、理解和理智都集中在那些既能体谅又有理智，并且既明智又富于理解的人们身上。因为这一切能力都是终极事物的能力，都是对个体东西的能力。一个对明智对象具有判别力的人，也就是个富于理解的人，具有体谅和宽容精神的人。因为公平是一切善良的人在与他人的关系中所共有的。一切实践的对象都是个体的和终极的（所以明智的人对此应该知道）。而理解和体谅都以实践事物为对象，这都是些终极的东西。理智从两个方面来看待终极事物，原始定义和终极对象，终极事物是理智的对象而不是推论的对象。在证明上，理智以不动的原初定义为对象，在实践上它以终极的东西、可能的事件以及其 1143b
派生物为对象。因为这东西才是它所为的始点，普遍出于个别，对于这些东西应该去感觉，这也就是理智。

因此，人们认为这些品质是自然的，却没有人在本性上是智慧的。人们具有体谅、理解和理智，我们认为它们要随着年龄而增加。年龄带来理智、带来体谅，仿佛是自然的原因。[所以，理智既是开始又是目的，证明由此开始，又以此为对象。] 从而应该重视那些富于经验的人、老年人和明智的人们的意见和主张，这些意见和主张虽未经过证明，但其重要性决不低于那些通过证明的。因为通过经验，人们长上一双看得正确的眼睛。

这里说明了明智和智慧是什么，两者各以什么为对象。它们各自是灵魂哪一部分的德性。

12

有人也许会问，这些理智德性到底有什么用处呢？智慧并不考察人的幸福是由什么构成的，因为它并不关心那些生成的东西。明智倒是与此相关，然而我们为什么需要它呢？因为明智是关于人的公正、高尚和善良，这些事情都是一个善良人的实践。即使我们知道了这些东西，也未必实行得更好些。既然德性即是品质，这正如那些有关健康和强壮的知识并不造成健康和强壮，反而来自这种品质。对具有医学知识、体育知识的人，也并不因此做得更好些。如若说明智并无助于做这些事情，而是促成做贤良的人，那么，它就不但对于那些贤良的人无用，就是对于那些不贤良的人也无用处。因为，如若一个人自身并不明智，也就同样无法听从其他明智的劝告。我们在健康方面所处的状况也正是这样，虽然我们并不懂医学，然而却期望健康。此外，被认为低于智慧的明智，地位反而比智慧更重要些，这似乎是荒唐的。那也就是说事物的制作者，主宰着那些个别事物。

既然我们已经指出了问题的所在，现在就应该谈谈这些问题。

1144a 首先让我们承认，这些品质就其自身就是受到选择的。因为它们分别为灵魂不同部分的德性，尽管两者都什么也创制不出来。其次，它们应当有所制作，智慧造成了幸福，但并不像医学造成健康，而是像健康之对于健康。它是作为德性整体之一部分，所以它的具有和它的实现就造成了幸福。

人们只能合乎明智以及伦理德性才能取得成果。德性确定一个正确的目标，明智则提出达到目标的手段。（至于灵魂的第四部分，即营养的部分则没有这种德性，在它那里既没有行为，也没有非行为。）

关于通过明智并不能把高尚和公正的事情做得更好的问题，让我们稍作进一步的探讨，并从以下的意见开始。正如我们所说，有些人做了公正的事情，却不是公正的人（例如某些人做法律所规定的事情却不是自愿的，或是无知的，有时甚至是别有用心的，而不是为了行为自身，虽然他们事实上做了一个贤良的人所应做的事情）。这样看来，人们须具有某种品质，使每一由此而来的行为成为善良的。我还应指出的是要通过选择，为着行为自身而行动。德性造成了选择的正确性，至于怎样按照本性来做那些经过选择的事情，那则是与德性不同的另外的能力。至于这些问题，我们须加充分注意。

还有一种能力，人们称之为聪明。这种能力可以把以上所说的事情树为目标，实行它们并且能够达到它们。如果目标是高尚的，那就要受到褒奖；如若是卑鄙的，就要受到谴责。所以，我们把明智的人和恶棍都称为明智，明智虽然不是一种能力，但却不可没有它。由以上所说，就可清楚，如若没有德性，那么灵魂的眼睛就不能生成这种品质。实践活动的演绎也具有本原和始点。这就是某种目的和至善（这里只从道理上讲，而不管它到底是什么东西）。然而如果不存在善良的人，至善也就无从显现。因为恶意会造成歪曲，使那些实体的本原成为虚伪的东西。所以显而易见，没有灵魂也就没有明智。

13

让我们回过来，再对德性作一番考察。因为德性 1144b
与明智和聪明的关系相近。虽然两者不是同一个东西，但是相同。而自然德性和主要德性的关系也是这样。人们认为每一种伦理德性，对所有的人，似乎都是以某种方式自然提供的。不论公正还是节制以及勇敢都是生来就有的。不过我们还要以另外的方式来探索，提供主要善的其他方式。儿童和野兽都具有某些自然的品质，如若没有理智就会成为有害的。一个强壮却失去视力的躯体，更是显而易见的，由于看不见他在运动中就不免蹉跌，在道德领域内，情况也不两样。如若一个人有了理智，在他的行为中就大不一样了，在先前只是相似的品质，如今就成为主要德性。正如在意见方面有两类德性，聪明和明智，在伦理方面也有两类，即自然德性和主要德性。在这里没有明智主要德性就不能生成。正是这一缘故，有的人就认为全部德性都是明智。苏格拉底的探索，有时是正确的，有时是错误的。在他认为全部德性都是明智时，他是错误的，在他说德性离不开明智时，就完全正确。作为这一点的证明，就是现在所有的人，在对德性作规定时，除了所说的之外，总还要加上，它是合乎正确原理的品质。只有合乎明智，这种品质才是德性。不过这里须要作一小小的改动，这种品质不但要合乎正确原理，还要与它相伴随才是德性。而明智则是关于实践活动的正确原理。苏格拉底认为德性就是理性（因为全部德性都是知识）。而在我们看来德性伴随着理性。从以上所说，可以明显看出，没有明智就不存在主要的善，没有伦理德性也不存在明智。

（通过这个道理也可解决有人所提出的辩证说法，在他们看来德性似乎是相互排斥的，谁也没有这种天生的福分具有全部德性。所以，他只能获得这种德性，而得不到

那种德性。这种看法对自然德性来说是可能的，至于说到那些总括的、不受限制的德性则不是这样。人们只要具备 1145a
了明智这一种德性，就具备了全部德性。）即使明智并无实践意义，它显然是必要的。因为它是德性的一个部分。同时，没有明智也就没有正确的选择，正如没有了德性一样。因为德性提供了目的，明智则提供了达到目的的实践。

然而，明智并不是智慧的主宰，也不是灵魂更高部分的主宰。正如医学不是健康的主宰一样。医学并不能维持健康，而只是寻求怎样生成健康。它只是为了健康而作处治，而不是作为健康。有人也可说，政治似乎就是众神的主宰，因为在城邦中它号令一切。

第七卷

1

下面让我们开始谈一谈另一个被公认的原理，那就是在伦理方面有三类须避免的事情：邪恶、不自制和兽性。与这三者相反，其中的两类是显然可见的，这就是我们称为德性和自制的品质。与兽性相反最合适不过的是超人的德性或某种英雄和神性的品质。正如荷马关于赫克托尔对普利亚姆所作的评价，他是极其勇猛的：

> 这个人似乎是神的后裔，
> 而非凡人所生。

正如人们所说，有了超人的德性，人就成为神。这样的品质与兽性显然是对立的。神之没有德性正如兽之既没有邪恶也没有德性一样。神的品质比德性更加荣耀，兽性则与邪恶不是同种的。所以，人很少是神圣的，斯巴达人只有在赞扬极好的人时，才习惯说：这个人是神。可见在人们中兽性是极少的，而大多是在蛮族之中。有些人也由于疾病和伤残而成为兽性的。我们也把其罪恶超过了常人的那些人称为兽性。对于这种习性我们以后再加讨论，至于邪恶在前面已经说过了。现在让我们说一说不自制和无耐性、自制和忍耐。这些品质中，不能把任何一种看作和德性与邪恶相等，同时，也不能把它们看作是在种上不同的东西。如其他问题一样，在这里也是先要把各种现象摆出来，并且开始讨论其疑难之所在，这样就可以最大限度地指出有关感受的一切公认的意见。如若困难解决了，公认的意见被接受了，即或不是全部，也是那些最主要的，那么问题也就得到了充分的说明。

人皆尽知，自制和忍耐是好事情，应受到赞扬，而不自制和无耐性不是好事情，应受到责备。有自制力的人能坚持他通过理性论断所得的结论，而无自制力的人，为情感所驱使，去做明知道的坏事。有自制力的人服从理性，在他明知欲望是不好的时，就不再追随。人们认为，一个有自制力的人既能自制又能忍耐。至于对一个能忍耐的人，有些人认为全都是自制，有些人则另有不同的意见。有的人认为放纵就是不自制，不自制也就是放纵，有些人则认为这是两件事情。有人说，一个明智的人是不会不自制的，然而有时候明智的人虽然聪明，但不能自制。此外，有些人则认为在忿怒、荣誉和收益方面是不能自制的。

这一些就是人们所提的种种看法。

2 问题的困难在于，一个人何以判断正确，却又不能自制呢？人们说，一个有真正知识的人是不会这样的，如果有了真正的知识那就令人奇怪了。正如苏格拉底所说，一个人为他物所掌握，像奴隶般地被牵着走。苏格拉底终生和这种说法做斗争，而认为不存在不自制，因为这种行为不是出于最善事物的判断，而是出于无知。既然这种说法和诸现象明显背道而驰，那就应该来探索，它到底是受了什么影响。如若是无知，那就应该探索是什么样的无知。因为一个不能自制的人，除非受到什么影响，否则显然不会是有所知的。有一些人一方面同意苏格拉底的观点，一方面又不同意。他们承认科学知识力量的强大，但他们却不同意，没有人在意见认为是较好的事情上，却明知故犯。由于这个缘故，他们说一个不自制的人是由于快乐的影响而不自制，不是由于知识，而是由于意见。既然这只不过是意见而非真正的知识，它当然不会有坚强的判断力，而只是模棱两可，像三心二意的人那样。因此，对那些在强大的欲望面前动摇的人，我们可以谅解，而对于罪恶以及其他可恶的品质，是不能原谅的。此外，那最为强大的明智有抵制的能力吗？这种问题是多余的。如不能抵制，那么同一个人就既是明智的又是不能自制的了。没有哪一个人会说，有意作恶的人是个明智的人。此外，在前面已经指出过，一个明智的人是个实践着的人（对终端的、个体东西的实践），并且具有其他多种德性。

如若自制的人也具有强烈的不良欲望，那么自制就不是节制，节制也不会是自制。因为节制就是既不过分，也无恶意。自制的人应该如此，若不然，所有的欲望都是有益的，那么妨碍服从这种欲望的品质就是恶劣的了，这样看来自制也并不全都是良好的。如若欲望是中和的而且并无恶意，那么抗拒也就不值得骄傲，如若虽有恶意但是软弱的，那么抗拒也算不了什么大事情。

此外，如若自制使一切意见都得到坚持，这甚至是件坏事情，因为意见可能是错误的，如若不自制就是放弃一切意见，那么反而是件好事，例如索福克勒斯在《伏洛克泰特》里称赞的诺普陀罗莫，因为说谎的痛苦，他不坚持做奥德修斯所劝他做的事情。

此外尚有诡辩论所提出的难题（为了显示自己的聪明，他们想以一种似是而非的形式说出来），如若把这推论进行到底，难题就会出现，因为思索的诸环节是紧紧扣在一起的，除非有了令人满意的结论，不然它就不会停止。如若不能把论证的各个环节联结起来，它就不能前进。从这种说法所得出的结论表明，德性就是愚蠢和不自制的联结，因为一个人做与不自制相反的事，并把所认为的好事当作坏事，当作是不应该做的某件事，其结果所做的将是好事，而不是坏事。

此外，有的人由于被劝告去寻欢作乐，这种人被认为比那些全不计较而放纵更好些，因为他们更容易通过劝告而变好。而那种放纵的人，却是积习难返。如若他被劝告去做某些事情，也可以接受劝告而停止。现在虽然是接受

1146b 了劝告，而行为却是另一回事。

此外，如若不自制和自制是用于一切的，那么什么是一般的不自制呢？因为谁也不会在一切方面都不自制，而我们却总是笼统地、不加区别地来说。

这些就是我们所碰到的那些难题。其中有一些要被摒弃，有一些要保留下来，我们所寻求的就是解决这些难题。

3

首先让我们来讨论，人们之不能自制是明知的，还是不明知。再进一步我们还要问人的自制和不自制是对什么而言。我说的是，是对一切快乐和痛苦呢，还是仅对某些快乐和痛苦。还要问，自制和忍耐是一回事情呢，还是有所区别，以及诸如此类的理论。

作为开始，让我们来考察自制和不自制是由于对象的不同，还仅是方式上的差异。我说的是，一个不能自制的人不仅仅对某些事情不能自制呢，还是由于方式呢，还是由于两者。下一个问题是，不自制和自制是对一切而言呢，或者不是。不自制不会是笼统地对一切而言，而只是对它所沉溺的事物而言，也不是对一切都抱有同等的态度（若是这样它就同于放纵了）。它的态度是不同的，放纵者按照自己的方式进行选择，他认为永远应当追求当前的快乐，不自制者也追求快乐，但并不这样认为。

或者认为不自制活动是相对于真意见，而不是科学的知识，这在理论上倒无关紧要。有一些人抱着坚定不移的意见，他们就认为这是确切的知识。如若人们由于信心不足，针对某些判断按意见而不按知识进行活动，在这种情况下，知识和意见就没有区别。有人相信，那些具有意见的，并不比另一些具有知识的更差些，赫拉克利特就是个显明的例子。既然我们说知识有双重含义（具有知识而不利用和去利用都是知识）。那么，一个人具有不做不应之事的知识而不去做或去做就大不一样了。明知故犯是令人憎恶的，而无所觉察的则难以责备。

此外，推理前提有两种方式，但两者都保证不了行为不和知识相反对。人们可以只取其普遍，而不取其部分。1147a 而行为总是对个别事物的行为，而普遍也是有差异的，或者对自身而言，或者应用于事物。例如说，干燥的食品适用于所有的人，而这是个人或这种食品是干燥的，无论这种食品是不是干燥的，都不能说人具有了或者利用了这种知识。这样看来，知识的方式有巨大的差别。一个无自制力的人在一种方式下似乎并无不妥，但在另一种方式下就令人奇怪了。

此外，人们还赋有另一种和现在方式不同的知识。在具有知识和虽具有而不利用中，我们看到了品质的不同。在某种意义上可以说，一个人既具有知识又没有知识，如一个睡着了的人，一个发狂者和醉汉。那些处于情感之中的人，其表现就是这个样子，忿怒、情欲和某些类似的情感其表现就十分明显，它们甚至可以使身体变形，有一些使人发狂。那些不能自制的人，显然也可以说处于这种状态。有一些道理是按照科学来说的，并没有具体的所指。那些处于情感中的人们，可以进行推理论证，可吟咏恩培多克勒的诗句。一个初学者，把各种原理收集到一起，却一点也不懂。对这些原理的消化和吸收，则需要时间。对于不自制者所说的话，也应该当作演员在舞台上背台词那样来看。

此外，这问题还可以从本性上来察看其原因。意见是普遍的，而另一方面又是就个别而言，它们属于感觉范围。从两者随之而来的必然是一个结论，在这里从灵魂上、思想上是一种肯定，而实践上直接就是行为。例如一切甜的东西应该美味，这是个甜东西，是作为个别东西的一个，在通常情况下，必然有行为同时发生。倘若在我们有一个普遍意见阻止去品尝，但仍然会有一个意见说，一切甜的东西都令人快乐，而这个东西是甜的（这种意见具有一种现实的力量）。或者在我们产生了欲望，意见虽想避免，但欲望却推我们向前（因为它能使身体的每个部分
1147b 都动起来）。所以，在某种意义上说，不自制的行为似乎是来自理论和意见，不是就其自身而言的，而是就偶性而言的，与正确原则相反（因为意见不是其对立物，欲望才是其对立物）。由于这个缘故，所以野兽没有自制，因为它没有普遍判断，而只有个别的表象和记忆。

一个不自制的人，如何克服无知又回到确切的知识，其道理正如一个酒醉的人和睡着的人一样。在这种情况也不两样，这应该听一听生理学的意见。

最后的前提既是对感性事物的意见，又是行为的主宰。所以这在处于情感中的人是不会有的，或者是有了，也仿佛是没有确切的知识一样，就如一个醉汉重复着恩培多克勒的格言那样。因为最后前提并不是普遍的，也不是为普遍所定义的认识对象。这样看来，苏格拉底的探索恰恰是对的。在情感之中看来是不会出现什么科学的知识，它不是同情感而来的伴随物，而只是种表象的知识。

在这里所说的只是行为中的有所知，还是无所知，以及在什么意义下，可以认为是有所知。

4 下面再谈一谈什么是笼统的、未加区分的不自制，或者并没有什么笼统的不自制，一切都是就部分而言。如若这样，它以什么为对象呢，或者说，不论自制和忍耐，还是不自制和没耐性，显然都是对快乐和痛苦而言。在造成快乐的事物中，有一些是必然的，由于本身而选取的，但有时可能过度。在肉体上的必然快乐，我所指的是食物，性爱以及其他的肉体快乐，关于这些事情，我们指出其为放纵或节制。另一些则不是必然的，而有些是因其自身而被选取，我指的是，例如胜利、荣誉、财富以及其他善良和快乐的事情。对这些事物的取得超过了正确的理性，我们并不笼统地称之为不自制，而是附加上限制词，如在金钱上的不自制，在收益、荣誉和忿怒等等方面，而没有笼统的不自制。因为它们并不相同，称之为不自制不过就其类似而言。正如一个在奥林匹亚获胜的人，

1148a 他自身所有的原理和共同原理的差别虽然很小，但总还是另一种不同的人。（所以是就类似而言，其证明就是，在谴责不自制的时候，不论是笼统的，还是部分的，我都说它不但是错误的，而且是某种邪恶，但对这里所说的不自制，却并不加谴责。）

对那些追求肉体享受的人们，我们有的称为节制，有的称为放纵，有人追求快乐，避免痛苦而不加选择，如饥饿，干渴，炎热，寒冷以及一切与触觉和味觉相关的事情，并且是违背了他的选择和思考，被认为是未加区分的不自制，也就是说，不是关于某种事物的，例如痛苦，而是笼统地不自制。（其证明就是，关于这些快乐被称为无耐性，而对另外一些快乐却不这样称呼。）正因为这个缘故我们把不自制和放纵看作是等同的，把自制和节制看作是等同的，但对另外一些快乐却不这样。它们与同样的快乐和痛苦相关，对象虽然相同，但对待的方式却不一样，有的是经过选择的，有的则不经过选择。所以，我们更愿把没有欲望和只有微弱的欲望，却去追求过度快乐而避免中等痛苦的人，称为放纵，而不是那种具有强烈欲望的人。因为，如若再增加了青春欲望和由于缺少了必需的快乐而强烈痛苦，前面那种人会干出什么事来呢？

既然有一些欲望和快乐在种上就是高尚的，备受赞扬的（在快乐之中，有一些自然就是可取的，有一些则与此相反，有一些是居间的，这在前面已加以区别），例如，金钱、收益、胜利、荣誉以及诸如此类的事情，和居间的事情，人们并不因为接受、期望和喜爱它们而受责备，而是由于以某种方式，即过度而受责备。（譬如有些人以反乎理性的手段去追求某种自然美好和善良的东西，并为它们所宰制，求更大的荣誉、过度的赞扬，或者关于子女及父母——而这些东西本是好事，奉养他们的人应该受到赞扬。不过，他们在这里做得太过分了，例如有人竟像尼奥拜那样与众神作起战来，像萨图罗斯那样对待父亲竟得到 1148b 了一个“爱父者”的绰号，在人们看来这是愚得太过分了。）但绝不能说，这些事情是罪恶，如上所说，这些事情每一件都是按其本性，就其自身是可取的，其所以坏，在于它们的过度，所以，必须避免。这同样也是不自制，因为不自制不但应该避免，而且应该受到谴责。由于情感上的相似，人们在说每件事是不自制时，要附加一个限制词，正如说一个坏医生、坏演员时，并不笼统地说坏。在这里所以不这样说，因为他们每个都不是坏人，这里不过就类比而言。所以，显然只有与节制和放纵同一对象有关，才可以看作是自制和不自制。关于忿怒我们只就相似而言，所以要增加限制词，对忿怒的不自制，在荣誉和收益上的不自制，我们这样说。

5

有一些在本性上就是快乐，在这里，或者就一般而言，或者与动物或人的特殊种属相关。还有一些是非本性的快乐。这些有的由于损害或习俗而生成，或者由于恶劣的本性。相对于这些非本性的快乐，每一种都可发现与之相近的品质。我说的就是那些兽性，人们说，有种女相的人，剖杀孕妇，吞食胎儿，与此相类似的情况，据说某些居住在黑海沿岸的人，以吃生肉及人肉为乐，他们在公共宴会上易子而食，正如法拉利斯的故事。这一些都是兽性。另一些非本性的快乐则来自疾病（某些人由于发狂把母亲作祭品，并吃掉她。有的奴隶则吃掉他的同伴的肝脏）。还有一些则来自习俗或来自病态。例如，拔头发，啃指甲，吃煤炭，食泥土，除此之外还有鸡奸等等，这类事情有的出于自然，有的来自风习，例如有的从童年就成为情欲的牺牲品。对于那些原因出于自然的事情，就不能说人们不自制，正如不能责怪妇人在交合中处于被动而不是主动一样，对于那来自习俗的病态也应如此看待。

一方面有很多这类事情是处于邪恶范围之外的，正如
1149a 兽性一样，另一方面，不论是征服了，还是被征服了，都不能笼统地说是不自制，而只能在类似的意义上来说。正如在忿怒时所说的一样，这只是某种形式的情感，而不应说不自制。一切过度的行为，不论是愚笨、怯懦、放纵还是乖僻，都或者是病态，或者是兽性。有的人生来就惧怕一切，甚至对老鼠的吱吱声他也害怕，这种怯懦是兽性的怯懦。有的人怕松鼠是由于疾病。在那些愚笨的人之中，有一些生来就没有推理能力，只能凭借感觉，正如远方的蛮人种族那样，是兽性的。有一些则由于疾病，如癫痫、疯狂都是病态的。

在这些情况中，有时仅仅是具有，而没有被掌握。我

说的是例如法拉利斯有一种吃孩子的欲望，或者是一种荒唐的性快乐的欲望。也有的不仅仅是具有，而是被掌握了。至于罪恶，可以对人一般地说，也可以是有附加条件的，如兽性的、病态的，只有对人的放纵才能一般地说不自制。

所以不自制和自制的对象只能与放纵和节制的相同，而有关的其他对象，则是另一类不自制，转义的不自制，显然不是一般的、未经分化的。

6

让我们来观察一下，和在欲望上的不自制相比，在忿怒上的不自制更少令人憎恶。忿怒似乎是听从理性的，像那些急性子奴仆一样，他们听吩咐，但还没有把话听完全，就匆匆地跑出门去，结果做错了命他所做的事情。又像一群狗，还来不及看清是不是朋友，听到敲门声就狂吠起来。忿怒由于其本性的热烈和急促，还没弄清原委，就冲上去报复。当理性和表象显示出受到侵犯的时候，只有经过考虑应该和什么人去做斗争之后，忿怒才能立刻爆发出来。欲望则只要一听到哪里有快乐，就立刻冲上去享受。所以，忿怒在一定方式上服从理性，而欲望则不是这样。这是令人憎恶的。显然，忿怒是在理性上的失控，欲望则不是在理性上的失控，所以更差些。

此外，服从自然的期求更容易得到谅解，甚至于服从这类的欲望也是这样。因为它们为全体所共有，它们的性质也是共同的。忿怒以至乖僻和那些对非必然的快乐的过度欲望都更加自然些。例如一个打了父亲的人为自己辩解说："他也打自己的父亲，所以我打他。"然后他又指着自己的儿子说："等他长大成人，也打我，这是我们的家风。"在他的儿子向外拉他的时候，他赖在门口不走，说他在拉父亲的时候，就到此为止。

此外，算计他人的人更加不公正。有些人虽然易怒却从不算计他人，忿怒也是这样，都是坦白直率的。而欲望的性质，正如人们关于阿芙洛狄忒所说，她是

诡计多端的塞浦路斯女儿。

荷马也描写过她的绣花腰带：

偷情者在那里悄悄议论，
巧妙地盗走了聪明人的智慧，
不论他是多么小心谨慎。

所以，如若欲望的不自制比忿怒的不自制更为可憎，那么对欲望的不自制就是一般的、总体上的不自制，在某种意义上就是邪恶。

此外，尽管一切发了怒的人都会痛苦，任性却不使人痛苦，他的任性还伴随着快乐。发怒的对象越不公正，那么发怒就越加公正。对欲望的不自制也是这样，因为在忿怒中是没有任性的。所以对欲望的不自制比对忿怒的不自制就更令人憎恶。所谓欲望的自制和不自制，显然是对肉体快乐而言。

但对肉体快乐本身也须加以区别。正如我在开头时所说的那样，有一些不论在种属上还是分量上都是人性的，

自然的，有些则是兽性的，有些是由于伤害和疾病。只有对前者才存在节制和放纵问题。这就是为什么，除了转义的应用，我们不说野兽是节制还是放纵的。除非是就整个的种来说，动物互不相同，有的任性，有的顽皮，有的贪馋，都没有选择和计较的功能，正如人类中疯狂病患者那样。野兽虽然令人可怕却并不那么邪恶，它的最高贵的部分没有被毁灭，如像在人身上那样，因为它并不具有。这正如去问生物和无生物到底哪一种邪恶一样。没有始点和本原的坏事，其为害总是较小的。这个始点和本原就是理智（这类似把不公正和不公正的人相比）。各自的坏处互不相同，一个恶人所做的坏事要比一只野兽多一万倍。

7 对于触觉和味觉方面的快乐和痛苦，以及欲求和避免，对于放纵和节制，在前面已经区别过了。在这里出现这样的情况，有时大多数人所能主宰的事却屈服了，而对大多数人要屈服的事情却能加以主宰。在快乐方面有的不自制有的能自制，在痛苦方面有的能忍耐，有的不能忍耐。大多数人的品质是居间的，否则要倾向坏的一端。

既然有一些快乐是必然的，有一些是非必然的，而是在一定限度之内的，那么，也就既无过度，也无不及。对于欲望和痛苦也与此类似。有的人追求过度的快乐，或者追求到过度的程度，并且有所选择，是为了事情自身，而不是其后果，这就是放纵。这种人必然是不会后悔的，这种人是不可救药的。凡是不知反悔的人都不可救药。有的人是不及，则是与此相反，有的在中间的人则是节制的。一个人不是被压服，而是有所选择地避免肉体痛苦，也是这样。（在那些无选择的人们中，有人是为快乐所引诱，有人是由于欲望而逃避痛苦。这两者虽然互不相同，但大家全都认为，这样的人是坏人。和有强烈的欲求相比，如若一个人没有欲望，或者有一点微弱的欲望就做了可耻之事，正如并不发怒时打人与发怒时打人相比一样。因为在情感的控制之下，他别无选择。所以放纵比不自制更坏。）就以上所说，有的更多是属于无耐性，有的则是放纵。不自制和自制相对立，无耐性和忍耐相对立。由于忍耐不过是一时的抵制，而自制则是把握和主宰，而抵制和主宰是互不相同的，正如不屈服之与战胜一样，所以自制比忍耐

1150b 更为可取。有的人缺乏大多数人能够具有的抵制的能力，这就是缺乏耐性和柔弱。（因为，柔弱也就是种耐性的缺乏。）他把罩袍拖在地上，以免拣拾之劳，佯装有病，殊不知病人是凄惨的，他自身也同样凄惨。

在自制和不自制问题上，也有这样的情况，如若某个人为强力或过度的快乐和痛苦所屈服，这并不奇怪，如若他进行了抵制那就更可原谅了。例如，在泰奥德克泰斯中菲洛克台斯被毒蛇咬伤。再如，在卡尔基诺斯的《阿罗比》中的开尔库翁，或者一个人想在哄笑之中忍住不笑，如像克塞诺方图斯那样。令人奇怪的倒是，有的人既非出于天性，也非由于疾病，却屈服于大多数人所能抵制的事

情。例如在徐西亚的诸君王就有祖传的没有耐性的天性，如女性之与男性相比较。

人们认为爱享受就是放纵，实际上是缺乏耐性。享受就是休息，是松懈，爱享受是过度松懈的一种形式。

不自制有两种形式，一种是急躁，一种是懦弱。有些人进行考虑计议，但由于情感的影响，不能坚持其考虑计议所得的结果。有些人则由于不去考虑计议，而被情感牵着鼻子走。正像已被抓过痒就不再怕痒那样，有些人预感到或预见到了情感的来临，凭着理性的推断，就不再屈服于情感，不论是快乐还是痛苦。敏感和好激动的人，容易成为急躁型的不自制。有的是由于望求速成，有的则是过于性急，而把理性抛在后面，于是他们就只好顺从表象了。

8

如以上所说，放纵者从不后悔，坚持自己的选择，而不自制者则总是后悔的。所以我所讨论的问题并不相同。放纵者是不可救药的，不自制的人则可以纠正。罪过有似于水肿和痨病，它的症状是持续不断的；不自制则有似癫痫病，只是间歇发作。整个说来，不自制和邪恶是两件在种上不同的事情，邪恶往往是隐蔽的，不自制则明摆在那里。

在诸多的不自制者中，那些冲动型的，要比那有理性、讲道理但不能恪守的人要好些，因为这后一种人受一 1151a
点触动就屈服，而且和冲动型的不一样，总难免预先加以计议。不能自制的人像个饮客，只饮一点点，即少于大多数人用量的酒就要醉倒。不自制显然并不是邪恶（在一定意义上也可以说是）。因为，一个与选择相违背，一个与选择相符合，然而，在实践上两者却相类似，正如德谟多克斯所说的米利都人那样：

米利都人并不笨，
但做事却像笨人一般。

不自制的人并非不公正，却做着不公正的事情。

有的人不能自制，并不为自己去追求过度的、违反正确原理的肉体快乐找理由，有的人则为这种追求找理由。前一种人容易被劝告而改变，后一种则不能。德性保全本原，罪恶毁灭本原。在行为中目的因或何所为就是本原和
152 始点，正如在数学中的预设一样。在这里和在数学中，本原和始点都是不能以语言传授的，只有自然或由习惯养成的德性才能告诉我们有关本原和始点的正确意见。有节制的人就是这样的人，放纵者则恰恰相反。还有那种冲动型的，由于情感的作用而违背了正确的原理，他是受情感所支配，而不按照正确原理行事，但还没有受支配到使他相信，追求这种快乐是应该的程度。他是一个不自制的人，但优于放纵者，不能笼统地说他是个坏人。他保全了最高贵的东西，保全了本原和始点。与此相反的人，是坚定的，他不因情感冲动而越格。

在这样对比之下，就清楚表明，自制是优良的品质，不自制则是恶劣的品质。

9

一人能自制的人是任何原理和选择都能坚持，还是只坚持正确的？一个不能自制的人是任何原理和选择都不坚持，还是仅仅不坚持非虚假的原理和正确的选择呢？这一难题在前面已经提出过。也许就偶性而言，是对任何一种原理和选择，而就自身而言只是对正确的原理和选择，有的人坚持，有的人不坚持。如若个人通过某种手段来达到某种目的。那么，这个目的是就其自身而追求和 1151b
选择的，而手段则是就偶性而言的。我们所说的就其自身而言就是就其总体而言。正如，对不论什么意见，有的人坚持，有的人反对，但总的说来是真意见。

还有些坚持己见的人，人们称之为固执，也就是难于说服，难于更改。这与自制有相似之处，正如游手好闲之与自由，莽撞之与勇敢，但在很多方面实际是不同的。一个自制的人是会由情感和欲望而改变的，如有必要，他是容易被说服的，而固执的人则不讲道理，全靠欲望来进行判断，有许多人是为快乐所摆布。固执有三种，一是坚持己见，一是不学无术，一是粗俗鄙俚。坚持己见的人为快乐所左右，如若他未被说服而改变意见，就以为是得胜而高兴。如若他的决定如法令那样化为泡影，就感到痛苦。所以，固执与其说是自制，还不如说是不自制。

还有一些人，虽然并不坚持自己的意见，但并不是没有自制力，例如，在索福克勒斯的《伏洛克泰特》中的诺普陀罗莫。尽管他的不坚持也是由于快乐，但这是种高尚的快乐。他以说真话为乐，而奥德修斯却劝他说谎。所以，并不是所有出于快乐的行为都是放纵，而只是来自可耻的快乐。还有一种对肉体快乐的喜爱少于所应有，这也是对合理快乐的不坚持。而能自制的是处于这种人和不自制的人中间。不自制者由于某种过度而不坚持合理的事物，这种人则由于不及。自制的人能够坚持不受他物的影响而改变。从以上所表现，如若说自制是种优良的品质，那么它的对立物就是恶劣的品质。不过由于其中之一是很少见的，所以，自制也就只以不自制为对立物，正如节制之与放纵那样。

再说，有许多词的意义是相似的。自制和节制就紧密相联。一个自制的人决不由于肉体快乐而作违背理性的
1152a 事，节制也是这样。不过，一个具有丑恶的欲望，另一个则没有。这个本来就不喜欢那些不合理的事情，另一个则有所喜爱，但并没有被它所掌握。不自制和放纵虽然完全是不同的，但两者也有相似之点，两者都在追求肉体快乐，不过，一个认为这是应该的，一个则不这样认为。

10

正如前面所指出，一个明智的人不可能 同时是不自制的。因为明智在伦理方面一定同时是优良的。明智不仅是在认知方面，而且是在实践方面。而不自制正是实践上的缺点。（聪明无碍于不自制，有一些人看起来挺聪明，可是却不能自制，正如在开始时所说的，某种方式上聪明和节制有所区别，两者在理性上虽然相近，但在选择上却完全不同。）他并不是作为一个明智的人而进行思辨、观察，而是个酒醉的和睡着的人。一个人即使

自愿地做错事（因为在一定意义上，他明明知道自己在做什么，为什么做），但仍不能算是个坏人。因为他的选择是好的，只能算半个坏人。他不是不公正，他不暗算他人。这种人有的是不能坚持所考察计议的结果，而那种冲动型的人物则完全不去考虑。不自制的人好比一座城邦，它订立了完整和良好的法规，但不能执行。正如阿那克萨德利所嘲笑的那样：

一个不遵法律的城邦，
凡事只能勉勉强强。

一个恶人倒像座守法的城邦，不过这些法律是坏的。

对于大多数品质来说，不自制和自制也还是种过度。与绝大多数人的能力相比，自制是坚持得过多，不自制是不足。和经过思考计议而不能坚持相反，那种冲动型的不自制更容易医治。由习俗养成的不自制比本性不自制更容易医治。一旦习惯成自然，那么也就难以医治了。正如优乃诺斯所说：

朋友，请听我言，
如若任习惯长期拖延，
它最后就会成为人的自然。

以上所说的是，什么是自制，什么是不自制，什么是耐性，什么是无耐性，以及这些品质间的相互关系是什么样的。

11

快乐和痛苦也是政治哲学家考察的对象，因为制定一个目的，可使每个人在评断善恶的时候有个 1152b

典范。此外这样的研究也是必要的。因为，我们不但承认了快乐和痛苦与伦理德性的关系，而且大多数人认为幸福就包含着快乐，这就是为什么人们把至福这个词从享乐这个词引申出来。

在一些人看来，快乐绝不是善，不论就其自身，还是就偶性而言，两者都不是一回事。有的人认为，有些快乐是善，但大多数是恶的。第三种人则认为，即使一切快乐都善，但快乐也不可能成为最高善。

快乐之所以完全不是善，首先由于一切快乐都生成为感性自然，而生成与其目的在种上是不同的，正如营造术和房屋一样。其次，节制的人避免快乐。再其次，明智的人追求的是无痛苦，却不追求快乐。再其次，快乐妨碍明智者的思维，享乐越多，则妨碍越大，例如性行为中的快乐，在这时候，无论什么人都不能进行思维。再其次，一切善都是技术的成果，却没有制造快乐的技术。再其次，儿童和兽类只知追求快乐。

快乐之所以不都是好事情，首先，有的快乐是可耻的、下流的，有些是有害的，有些是导致疾病的。快乐之所以不是最高善，是由于快乐是生成而不是目的。

这里我们所说的，大概就是如此。

12

从以下论证显然可见，说快乐不是善和快乐不是最高善是没有根据的。

首先我们要指出，善具有双重意义（一是就整体而言，一是对某个人而言）。各种自然和品质也服从这种划分，并同样适用于运动和生成。坏的运动和生成，看来只是对整体而言，而不是对某个人而言，对于某一个人反而是可取的，即或对某人不可取，但也可能在稀有的时候是可取的。有些运动和生成被认为是快乐的，实际上并不快乐，例如对病人施加的种种运动，伴随着治疗而来的是痛苦。

其次，快乐或者是种现实活动，或者是种品质。使人处于自然品质所得的快乐只是偶然的，而在欲望中的现实活动只是自然品质遗留部分的活动。所以，实际存在着不含痛苦和欲望的快乐（例如，沉思的快乐）。在这里自然一无所缺。以上的快乐之所以不是就自身而言的快乐，可以下面事实为证。那就是本性在所处的状况中，和在充实了的状况中，人们对快乐的感受不同。在前者快乐只是一般的、笼统的，而在充实了的状况则恰恰相反，因而人们对酸和苦感到快乐。而这些东西不论其本性，还是就整体都不令人快乐，它们本不是快乐。正如令人快乐的东西互不相同，所以，由之而来的快乐也互不相同。

第三，没有必要认定还有一种比快乐更好的东西，如像有些人说目的比生成更好那样。因为，它不是生成，也并非一切快乐都伴随着生成。它就是现实活动，就是目的。它不是由于人们的机会而生成的，而是由于人们的潜能的运用。并且不是所有的快乐都有某种与自身不同的目的，而是导向自然、本性自身的完美。所以，说快乐是感性的生成是不对的。最好说，快乐是自然品质的现实活动，应该把“感性”这个词换成“无阻碍”。人们重视快乐，把它看作是生成，因为他们把现实活动看作生成，但它是另一种不同的东西。

有人认为，有些快乐是坏的，因为它可导致疾病。这样说来，健康也是坏的，因有些健康对钱包有害。从以上的角度看两者都不好，但不是就同一事情而言，甚至于思辨也有损于健康。

明智和任何品质都不会由自身的快乐而受妨碍，所以，思辨和学习的快乐能使人思辨和学习得更好。

由此很容易得出结论，快乐并不是任何技术的产物，也没有任何其他现实活动的技术，而是潜能的技术。尽管发香的技术，烹饪的技术，被认为是造成快乐的技术。

这一道理也回答了，节制的人避免快乐，明智的人寻求无痛苦的生活，而儿童和兽类却追求快乐的问题。因为已经说过，善怎样是总体或一般的快乐。怎样并非所有的善都是快乐。而兽类和儿童所追求的就是这样的快乐。而明智的人所求的也是在这种快乐中没有痛苦。在肉体快乐中，本来就有着欲望和痛苦，放纵的人由于对此的过度而放纵。节制的人所避免的也就是这种快乐，他却有着自己的快乐。

1153b

13

众所周知，痛苦是恶，是应该避免的，它或就总体而言，或者作为种障碍。应加避免的东西，作为应加避免的恶的东西，那么和它相对立的东西，就是善了。所以快乐是某种善。而斯潘西波回答说，大不仅和小对立，也和相等对立，但未解决问题，他不能就说快乐是种恶。

即使某种快乐是坏的，但某一种快乐仍然可以是最高善。这正如某些知识是坏的，并不妨害一种科学是好的一样。这种譬喻在这里更为必要。如若每种品质的现实活动都不受阻碍，或者全部，或者其中之一不受阻碍，这就是幸福，同时也是可取的活动，就是快乐。即或多数快乐碰巧是坏的，但某种快乐也可以成为最高善。这就是为什么，所有的人都承认，幸福就是快乐的生活。如若把话说得更漂亮些，就是把快乐编织到幸福中去。没有一种完美的活动是可以阻止的，幸福就是种完美的现实活动。所以，给幸福还要增加上身体的善、外在的善、机遇的善，以免它的活动因它们的缺乏而受到阻碍。（有的人说，只要一个人是善良的，即或贫困以至陷入灾难中，他都是幸福的，这种话，不论有意还是无意都等于不说。）这必须加上机遇的善，这样有些人就把幸福和幸运看作是等同的。但实际并不如此。幸运的过度也会成为障碍，所以称之为幸运似乎是不公正的，而幸运的定义也必须与幸福相联系。

兽类和人类都在追求快乐，这表明它在某种意义上确实就是最高的善。

> 众口相传的事情，决不会落空。

由于本性和最善良的品质并不都是一样的，所以，也不能所有的人都追求同一快乐，虽然他们都在追求快乐。也许快乐只是同一个，因为在所有的人身上都有神性。可是人们所追求的东西，和自己所想的、所说的并不一样。例如，各种不同的身体快乐，都称为肉体快乐，由于人们多次与它相接触，于是习以为常。所以，人们以为准有这
1154a 些快乐存在，因为他们只知道这些快乐。

如若快乐和现实活动不是善，那么，一个幸福的人显然就不能有快乐。因为，如若他并不善良，为什么应该过幸福生活呢？他的生活很可能是痛苦的。既然快乐非善也非恶，那么痛苦也应是这样。为什么要去避免它呢？

所以，一个善良人若没有更快乐的活动，他就不会比别人更加快乐。

14

现在考察肉体快乐。有些人这样说，许多快乐是很可取的、高尚的，但不是肉体快乐和放纵所务求的那种快乐。为什么与此相反的痛苦是恶的呢？因为与恶相对立的是善。这是由于必然的快乐就是善，它不是恶就是善吗？还是在一定程度上的善呢？在那些不能超出适宜的品质和运动中，就没有过度的快乐，只有在那些可超出适宜的品质和运动中，才有过度的快乐。在快乐中存在着过度，罪恶就在于对过度的追求，而并不是对必然快乐的追求。所有的人，都要以某种方式享受佳肴、美酒和性爱，问题在于是否以应有的方式。在痛苦方面则与此相

反，一个人不仅要避免过度痛苦，而且要避免整个痛苦。因为痛苦不是与过度相对，除非是追求过度的人。

所以，我们不但应当说明真理，还应说出错误的原因，因为这样做可以增加信心。当我们能以充分的理由说明，相信一件事情是真的，实际上却不真时，就会使对真理的信心更为坚定。下面让我们来谈一谈，为什么肉体快乐看来是更为可取的。

首先是它把痛苦驱赶出来，由于过度的痛苦，人们就去追求过度的快乐。总的说来，肉体的快乐具有医疗性。由于通过反面的对比，医疗作用就变得更加强烈，所以他们追求。（快乐之不被认为是好事情，还由于两条已经说过的理由。一者是由于这些快乐是不良本性的行为，这些本性有的与生俱来，如兽类的本性，有的则是习惯所养
成，如坏人的本性。一者是对残缺本性的医疗，而具有比 1154b
生成更加完善，但这只能在被完成中才可见到。所以这些好事，也只是就偶性而言。）

其次，有的人不能以其他事物为乐，只能去追求那些强烈的东西（例如，有些人为自己制造渴望），这种事倘使无害则无可厚非，若是有害的就是坏事了。（正如生理学证明，动物经常处于紧张状况之中。人们说，观看和谛听都是痛苦的，不过我们习以为常而已。）青年人在青春期由于发育而如醉如痴。青春就是快乐。那些冲动型的人需要不断的治疗，他们的身体由于性格总是处在激动中，欲求是强烈的。不但相对立的快乐，就是偶发的快乐，如

若是强烈的，也会把痛苦驱赶出来。所以，人们就变得放纵而又恶毒。不带痛苦的快乐就不存在过度，这些快乐是出于自然，而不是出于偶性。我们说起医疗作用的只是偶性上的快乐，因为是留下的健康部分的作用而导致医疗的功能，所以使人感到快乐。本性上就使人快乐的东西，就是在健康本性上产生的行为。

同一事物不能永远使人快乐。因为我们的本性不是单纯的，其中还有其他成分（所以才是有死的）。如若其中一种成分行动，必然在本性上与另一种相反。如若这两者平衡，那么，这种行为就既不痛苦，也不快乐。所以，如若本性是单纯的，同一行为就会永远使人快乐了。这就是为什么神永远享受着惟一的、单纯的快乐。现实活动不一定运动，也可以不运动。快乐更多地是在静止中，而不是在运动中。诗人说：一切变化都是甜蜜的，这是由于人性邪恶，一切善于变化的人，都是坏人。一个需要变化的天性，既不纯朴，也不善良。

以上所说的是关于自制和不自制，关于快乐和痛苦。每一种都是什么，怎样其中之一是善，而另一个是恶。下面我们将谈一谈友爱。

第八卷

1 在这一切之后让我们来谈一谈友爱。它就是某种德 1155a
性，或者是赋有德性的事情；或者说是生活所必需的东西，谁也不会愿意去过那种应有尽有而独缺朋友的生活。人们认为，那些富有的人和大权在握的人最需要朋友。因为，虽然身为幸运的宠儿，但却做不成好事，那有何益处呢？而对朋友的惠赠则是最大的，最为人所称道的。此外，如若没有朋友，他的财富又怎样蓄藏和保全呢？因为财产越多，危险也就越大。在贫穷和其他的灾难之中只能指望朋友的帮助。对青年人可以帮他少犯错误，对老年人则加以照顾，帮助他做力所不及的事情。对壮年人则帮助他们行为高尚。不论在思考方面，还是在实践方面，两个人都比一个人更有力量。生育者对被生育者，或者被生育者对生育者友爱是天性。不仅人是如此，鸟类和许多野兽也不例外，同种的成员间相互友爱，人类更是如此。因此，爱人的人受到称赞。出门在外时，看得会更清楚，似乎所有的人都相亲相爱。友爱把城邦联系起来，与公正相比，立法者更重视友爱。他们的目的就是加强类似于友爱的团结，另一方面则是致力于仇恨的消除。既然做了朋友就不必再论公正。但对公正的人却须增加一些友爱。所以，在最大的公正中似乎存在着友爱的东西。这不仅是必要的而且是高尚的。爱朋友的人受到赞扬，广交游被看作是件高尚的事情。有些人认为，朋友也就是善良的人。

关于友爱，意见多有分歧。有些人认为友爱是相同性，朋友总是相同的，他们说同类相聚，意气相投，以及
1155b 诸如此类的谚语。反过来，有人则说，人之不同各如其面，对于这一些，有人想得更高一筹，更深一层，欧里庇德斯说：

> 干涸的大地渴望甘霖，
> 充满雨水的天空渴望大地。

赫拉克利特说，“对立物相一致”，“最美丽的和谐来自对立”，“万物由斗争而生成”等等。其他一些人包括恩培多克勒，意见与此相反，他们认为“相似者与相似者相随”。

且让我们放下这些在自然方面的难题，因为它们与当前的研究无关。我们所研究的是与人相关，与人们的风习和情感密不可分的事物。例如，是否一切人都可以成为朋友，或者是刁钻的人不能成为朋友。友爱只有一种，还是有多种。有人看到友爱有多或少程度的差别，就认为它们

是同类的，证据并不充分。因为尽管种类不同，也允许有多或少的差别。关于这问题前面已经说过了。

2 这一问题，也许在弄清了什么东西可爱之后，才会更清楚些。因为并非所有的东西都为人所喜爱。只有可爱的东西才为人所喜爱。这些有好处的东西，令人喜欢的东西和有用的东西为人所喜爱。人们认为，有用的东西就是由之生成善和快乐的东西。由此可见，就是那些以善和快乐为目的的东西为人所喜爱。人们喜爱善吗，那么，对他们什么是善呢？对此人们的意见并不一致，对于快乐也是如此。看来，每个人都喜爱对其自身是善的东西，而可爱的东西只是种总体上的善，个别的善只对个别的人是可爱的。每个人所喜爱的善并不像实际存在的样子，而是对他所显现的那个样子。但这并不关紧要，就让可爱的东西显现得可爱罢。

人们以三种因由而起友爱之心。对无生物的喜爱不能称为友爱，因为它是没有回报的爱，也不能对它有善的愿望。（也许可以有对酒的善良愿望，如果真有这种愿望，也不过是对它善加保存，以便可以使用。）所以说，对朋友的愿望是对他自身的善。如若对方没有同样的善意，那这种对朋友自身的善良愿望，也只不过是善意而已。只有相互之间的善意才是友爱。还须有附加条件吗？很多的善意是看不见的，但人们认为，它们是善良的、有用的。在
这些之中，可以有某个人去回报同样的善意，于是他们互 1156[a]

相之间都有着善意，然而对此却无所察觉，那样怎能说是朋友呢？所以，作为朋友首先必须互相有善意，还要无所掩饰地希望对方好，并且通过以上所说手段之一。

3

这是两种形式上不同的东西，所以喜爱是喜爱而友爱是友爱。友爱分为三类，其数目与可爱的事物相等。每个人在相互之间都有毫不掩饰的友爱，相互爱着的人们都希望对方过得好，他们也正是因此而成为朋友。有些朋友是为了有用，而不是为了自身而相爱，对他们相互之间都产生好处，同样有些是为了快乐而相友爱，人们愿与聪明的人相交往，并不是为了他们自身，而是为了使他们愉快。那些为了用处而爱朋友的人是为了对自己有用，那些为了快乐而爱朋友的人，是为了使自己快乐。这都不是为了自身而友爱，而是为了有用和快乐。所有这样的友爱都是偶性上的友爱。一个朋友之所以被爱，并非由于他是个朋友，而由于他们有的能提供好处，有的能提供快乐。所以，这样的朋友很容易散伙，难于长久维持。因为，他们如不再是令人快乐和对人有用，友爱也就此终止了。用处是不经久的，时而这样，时而那样，不断地变化着。做朋友的原因一旦不存在了，友爱也就不再存在。因为这正是友爱存在的原因。以实用为目的的友谊多见于老年人中（他们所追求的不再是快乐，而是帮助。那些为占便宜的青年人和壮年人也是这样。这些人不那么喜欢生活在一起，他们对此有时尚感到有些讨厌）。凡是没有助益的事情对交往也就无所增重。人们所谓的快乐也就是美好的希望。对于这种友爱，人们还区别在家人之间的和对外人的。

青年们的友爱似乎是因快乐而存在的。这些人任凭感情而生活，特别追求那些使他们快乐和当下存在的东西。然而随着年龄的变化，那些令人快乐的东西也改变了。所以，他们会很快地成为朋友，也会很快地断绝往来。快乐改变了友爱也随着改变了。而青年的爱是改变得很快的。青年人容易陷于恋爱。爱情大部分是由情感所支配，为快 1156b
乐所引诱的。很快地相爱了，很快地也就分手了，往往是朝不保夕。但是这些人愿意在一起度过时光，他们在这里面得到了交朋友所要得到的东西。

善良者的友爱是完美的，而且在德性方面相类似。他们互相希望在善上相类似。作为善的人他们都是就其自身而善的。那些为了朋友自身而希望朋友为善才最是朋友，因为，他们都是为了朋友的自身，而不是出于偶性。只要善不变其为善，这种友谊就永远维持。只有德性才是恒常如一的。在整体上善总是归于朋友。然而，善的事物或者是总体的善，或者互相得益，快乐也是这样。善良的人们既有总体的快乐，也有相互间的快乐。每个人都要做一些己所固有的快乐的事情，其他行为也是这样，善良人们的行为都是相似的。只有这样的友谊才称得上永恒的，因为友谊所应有的东西都寓于此中了。一切友谊或者由于善而存在，或者由于快乐而存在，不论是总体的还是友好者个人的都有某种类似之点。所以说一切都寓于这种友谊之中，其余的也同样属于它。总体上的善就是总体上的快乐，它们是最为可爱的东西。只有在这些善良的人们中，友爱和友谊才是最大和最善的。

不过像这样的友谊是罕见的，这样的人也是少有的。这需要共同的生活和时间，正如俗话所说，只有吃尽了咸盐，人们才能相知。除非两人互相表示友好并且相信，否则就不可能被接受，不可能做朋友。有些人很快地就好了起来，并且想要成为朋友，然而没有友爱和相知，也就不存在友谊。想要很快地成为朋友那就不是朋友。

4

这种友爱不论在时间上，还是其他方面都是完美的，属于朋友的东西都遵循同一原则而生成，它们之间是相同的。

通过快乐所形成的友谊与因德性形成的友谊也有相同之点。好人们是相互喜欢的，因而形成友谊也不两样，因而好人是互相帮助的。然而只有在人们之间形成了相同的东西，如快乐，那么友谊才能持久。不但要有共同的东西，还要有如机智那样的共同的来源。不过在爱的人和被爱的人之间则不是这样，对于他们快乐并无同一根源，爱人者的快乐就在于眼睛盯着对方，被爱者的快乐则来自爱者的殷勤。一旦人老珠黄不受青睐了，爱情也就枯萎了。（一方面观看不再给人以快乐，另一方再也没有人去献殷勤。）这样的爱情有时也可以持久，形成为习惯，存在着性格上的相似。然而，如若恋人们在爱情中所交换的不是快乐而是实用。那么爱情就要降低，并且不能持久。那些因有用而结成的朋友，一旦用处没有了，也就相互分手了。因为他们并不是真正的朋友，不过是为了相互利用。

那些因快乐和有用而做朋友的人，可能是一些无赖之人，也可能是些善良之人和邪恶之人，也可能既非善良也非邪恶之人。事情很清楚，只有善良的人，才因自身而做朋友。除非能占到便宜，邪恶的人是不知感恩的。只有好人们的友爱才不会受到离间，很难相信与一个人相交多年，久经考验，却相信关于他的坏话，只有好人才能不做不公正的事情，并且具有其他真正友谊所具有的品质。在其他各类的友谊中，却不能避免类似的事情。

有些人认为友谊是由有用引申出来的，正如城邦那样(因为城邦总是为着自己的福利而联合起来的)。有些人由相互喜欢就成为朋友，正如孩子们那样。我们也许应该把这种人称为朋友，朋友是多种多样的。最首先和最根本的是好人作为好人的友谊，其余的则与此相类同。某种事物是好的，与此相类同的事情，也就以此为朋友。对于爱快乐的人来说，快乐也就是善。不过这两种友谊并不经常是一回事情。而同一个人也不会由于快乐和由于有用而成为朋友，因为这都是些因偶性而出现的东西，并非总是双双并比而行。

友谊可以分为三类。坏人可以因为快乐和有用而成为朋友，他们在这方面相似。好人们则因为自身，由于他们 1157b

的善良而成为朋友。这种朋友是整体地不加限制的朋友，其余两类朋友则由于偶性，与以上所说相类同。

5

正如在德性方面，有一些是就品质而言，有一些是就现实能力而言，友爱也是这样。有一些人经常生活在一起，相互鼓励，相互帮助。但是，那些睡着了的人或者互相远隔的人就不能现实地这样做，而只是具有做朋友的品质。距离并不能把朋友完全隔开，而只是妨碍了他们的现实活动。然而，分离的时间太长了友谊也就慢慢淡忘了。所以，诗人说：

久别故人疏。

那些老年人和性情乖僻的人，看来是很难成为朋友的。因为，在他们那里快乐是很少有的事情，谁也不能终日与痛苦厮守着，而没有丝毫快乐。自然的最大特点看来就是追求快乐和避免痛苦。有人相互推崇但却不能在一块生活，这更多地是善意，而不是友谊。没有什么比共同生活更显得是友谊的标志（不但那些贫穷的人需要有人周济，就是那些至福之人，也愿意在一起度过时光），他们是最不愿意过孤独生活的人。如若没有快乐相互之间是不在一起度过的，此外还要有众所公认的东西，没有这种东西就组不成社团。好人之间的友谊是最高贵的，这已经说过多次了。整体的善和快乐被认为是可爱的，受欢迎的。个别的善和快乐，对个别人也是这样。这两条原则对一个好人与一个好人的关系完全适用。喜爱似乎是一种情感，而友谊似乎是一种品质。对于无生物也同样可以喜爱，但相互的爱就必须伴有选择，而选择是来自品质的。希望所爱的人成为好人，是为了他自身，并不是来自情感，而是来自品质。爱着朋友的人就是爱着自身的善、自身的好。因为一个好人在成为朋友时，也就成为对朋友的善。每一方都是对自身的善，并且以同等的愿望和快乐回报对方。所以人们说友爱就是相等。在好人之间，这种情况表现得最为明显。 1158a

6 在乖僻者和老人中很少产生友谊。他们脾气坏，厌恶社交生活。而这一切又是交游所必备的条件。所以，青年人会很快就成为朋友，老年人则不能。和所不喜欢的人是不能做朋友的，那些乖僻的人也是这样。但这样一些人，在他们之间也可以有善意，他们都有善良愿望，随时帮助他人。不能说他们完全像朋友，因为他们并不在一起度日并相互喜悦，而这是成为朋友的最主要的标志。

按照友谊这个词的完整含义而言，一个人不能成为许多人的朋友，正如恋爱不能是多角的一样（因为爱情是一种过度，自然须由一人所独占），众多人极难同时邀得一个人的最大喜欢，善也是这样。交流经验和相互接近是应该的，不过这件事情做起来很难。不过在快乐方面，在用处方面，一个人倒可以和多数人相交往，而且其中的益处在短时期即可获得。

在这两者之间，因快乐而产生的友谊则更多地是友谊。因为在这里双方趣味相投，相互愉悦，就如青年人之间的友谊那样。在快乐中有着更大的慷慨，因有用而形成的友谊则到处都充满着斤斤计较。那些至福之人，虽然可以不需有用处的朋友，但却需要令人喜欢的朋友。因为他们总想与某些人过共同生活，痛苦只能在短时间内忍受，持续得过长了谁也承受不了，甚而对善自身也是这样，久而久之难免生厌。因此，他们要去寻求快乐的朋友，他们当然还必须是些好人。他们所以是善的，是因为他们必须具有友谊所共有的东西。那些有权有势的人，显得是把朋友各归其类，有的人是对这些人有用的，另一些则使他们喜欢，至于身兼二任的则罕见。他们所寻求的，就既不是使人快乐又兼有德性，也不是为高尚目的而所用又使自己快乐。他们所寻求的是机智的人，以及能聪明地完成所指定活动的人，这些本事很少为一个人所兼有。我们说，一个人既能令人快乐又有办事能力，他就是一个干才了。不过，像这样一位干才不能和上峰交朋友，除非他在德性方面也更上一层。若不然被超越的一方就不能保持其比例的平衡了。不过像这样的人是很少见的。

1158b 以上所说的友爱都是平等的，双方都有着共同的要求，相互间有着同样的愿望。但也可以相对等地交换，例如快乐和收益的交换。（但我们已经说过，这两类友谊更低级一些，更难于持久。）由于它们与同一事物既相同又不相同，所以有人说它们是友谊，有人说它们不是友谊。由于它们与德性的友爱有相同之处，它们似乎是友爱。因为其中之一具有快乐，另一则具有用处，而德性的友爱同样具有这些。至于德性友爱和它们的不同，其他的姑且不谈，只就它们很快地改变这一点来看，就显得似乎又不是友爱了。它们与德性的爱是大不相同的。

7

另一类友爱是从属关系的友爱，例如作为父母对儿女，整个地说来，作为老年人对青年人，作为男子对妇女，全部领袖对属民。这些关系也可以不一样，生育者和被生育者，领导者和被领导者的关系是不一样的。而父亲对儿子的关系与儿子对父亲的关系，男子对女人的关系与女人对男子的关系也不是一样的。他们之中，每个人的德性和能力都有所不同。作为朋友双方所得各不一样，而且也不应该一样，因为，这些喜爱和友谊都不相同。如若子女对待父母，能像父母对待初生的子女那样，那么，他的这种友爱就是持久的和最优秀的了。在一切按照从属关系而建立的友爱中都应该有一个比例，如较好一些的人应被爱多于爱，对更为有用的东西和其他德性也是这样。从价值方面看，像这样各取所值就平等了。这正是友谊所固有的特点。

平等在公正的事情上和在友谊上，其意义是有区别的。在公正的事情上价值上的平等占据首位，而数量上的平等居次要地位。在友谊中数量上的平等居首要地位，价值上的平等居次要地位。如若两人在德性、罪过或财富以及其他方面差距太大，就不能成为朋友，也不值得成为朋友。这种情况，在众神身上看得尤其清楚。因为，他们在 1159a 最大的程度上具备了全部的善。这在君主身上也同样明显，因为对他也是一样，没有一个下属的臣民想去和他做朋友。总的说来，一个平平常常的人总不值得去和最善良最智慧的人去做朋友。友谊到底能维持多久，去掉多少后友谊还能得以保全，要想对这些事情下一个精确的定义是不可能的。双方的距离，如若像距神一样远，肯定不会保持友谊。于是，有人提出了疑问，一个朋友是否真正希望朋友们能最大地良好，例如成为神。因为这样，他自己就再也没有朋友了，再也没有什么好东西了，因为朋友们就是好东西。如若一个朋友，为了朋友自身而希望他好，这句话说起来中听，但对他仍然还是保持原样不变，因为只有作为一个人存在，才能希望最好的东西。并且，似乎还应该说并不是一切最好的东西，每个人只是向往对他自己而言的最好的东西。

8

有些人表现为更爱荣誉，所以要求被爱多于爱，很多人是爱奉承的人，一个奉承者是地位较低的朋友，或者装作是朋友，他的爱多于被爱。很多人认为他们被喜爱就是接受荣誉。然而，荣誉似乎不是因其自身而被选取的，而是由于偶性。那些为显赫的人所表彰者，都希望得到一种他们所需求的东西，作为受恩宠的表征。那些贤良的人们和熟习的人们所得到的赞扬，则可以证实他们对自身的估价。这样，按照别人所做的判断，他们就相信自身的善。爱就自身而言就使人愉悦，由此人们认为它高于荣誉，友爱自身就是令人向往的。

大家公认友爱更多地是在爱之中，而不是在被爱之中，其证明就是，母亲总是以爱为喜悦。有一些母亲把自己的孩子交出去哺育，她们在爱着并知道这一切，但是并不索取爱的回报。如若她们连这样的事情都做不到，只要看一看子女们的飞黄腾达也就心满意足了。即或他们由于不知内情，不把她们当作母亲看待，但是她们还是照样地爱他们。所以友爱更多地是在爱中，那些爱朋友的人受到人们的赞扬。所以，爱似乎就是朋友的德性。在朋友中只有这一点是受人重视的。只有这样的人是长久的朋友，保持着不变的友谊。

由此，尽管朋友双方有着很不平等之处，但可以使之平等，成为朋友。其中平等和相同性至关重要，它们自身的坚定性就保证互相间友谊的持久。他们不会有下流要求，甚至用不着防备。因为善良的人们自己不会犯错误，也不容许朋友去犯错误。那些品质恶劣者，在友谊上不能持久。因为他对自身也不能坚持相同性。人们在短时间内成为朋友，由于以其邪恶为愉悦。以有用处和供快乐而成为朋友的人维持得长久一些，实际上也只维持到他们可以相互为用，和相互为乐时。以有用处而成为朋友的友谊往往出现于对立双方之间。例如，富人和穷人，无知的人和有知识的人。有的遇有需要，他就紧盯着他所需要的东西，同时还须以他物相回报。在这里我们把恋爱之人和被恋之人也归于友谊，有的人俊美，有的人丑陋，这是爱人们表现得反常的原因。在爱时他也希望被爱，如若两者都是一般，那么这要求就算得到满足了。倘若他们并不那么惹人喜欢，那么，这种要求就反常了。

同样的对立物作为对立物，却没有实质的对立可去寻求，只不过是在偶性上。例如，干燥并不是要去变成潮湿，而是要去走到一个中间（中间是最好的东西）。灼热及其他性质也莫不如此。不过，还是让我们就此打住吧，已经离题太远了。

9

正如在开始时所说的那样，在所讨论的问题上和所涉及的范围内，友谊和公正两者是一样的。在所有的公共团体内，我们都可发现友谊与公正。在一条船上的旅人、在同一队伍中的士兵都称为朋友。实际上，他们各方面的活动也都是在一起的，正由于他们有着共同的事业，所以他们成为朋友，在这里也就出现了公正。俗语说得好：“朋友就彼此不分”，因为友谊就是在共同之中。在兄弟会和哥们帮中一切都是共同的。其他的人份额并不相同，有人多些，有人少些，因为在友谊之中，也有些人深些，有些人浅些，公正也是因势而不同的。父母对儿子就
1160a 和兄弟之间不一样，在伙伴之间也和在城邦公民之间不一样。这一状况也适用于其他类的友爱。在这里，每个人所行的不公正的事情都是不一样的，而且朋友关系越是亲近，其错误也就越大。和其他公民相比从一个伙伴那里骗

钱就更加可恶些，不去帮助一个伙伴比拒绝一个外邦人更为可耻，殴打自己的父母比殴打他人更为可耻。因此，很自然，随着友情的增加，对公正的要求也同时增加。因为友谊和公正存在于同一些人身上，以同样的程度并存。

全部群体似乎都是政治群体的部分。人们为了某种福利去冒险，探求生活的必需之物。所以，人们认为政治上的群体也是为了共同福利而开始的，并由此得以维持。而且这也是立法者所要实现的目标。不同的群体以共同福利的不同部分为对象，各个部分是互不相同的。例如水手们就是为了赚钱以及诸如此类之事而进行航海活动。军队就在于去进行战斗、掠劫、取胜和破坏活动，那些氏族成员和居民也是这样。（有一些群体似乎是出于快乐，一些是出于祭典，一些是为了宴饮和社交，所以这些群体都要服从政治群体。政治群体所关心的不是当前的福利，而是全部生活的福利。）筹划祭典，其目的是崇祀神灵，而实际上是为自己过一个欢娱的节日。祭祀和庆典往往在谷物收成之后举行，实际上是个丰收节。而且，只有在这个季节里，群众才有最多的闲暇。

总的说来，各种群体都是政治群体的一个部分，友谊也随着群体不同而不同。

10 政体分为三类，蜕化的形态也与此相等，是这些政体的腐化。有的是君主政体，有的是贵族政体，第三类政体是由那些富于资财的人组成，似乎本应称

之为富豪政体，但大多数人却习惯地称之为国家。在这些政体里，最好的是君主政体，最坏的就是富豪政体，暴君
1160b 是君主的蜕化，两者都是专制的，但有很大的不同。暴君是专门为自己谋福利，君主则是为臣属谋福利。没有一个君主不是自足的，他具备了一切善的事物。像这样一个人就别无所求了，他就不会去寻求自己的利益，而是为臣属谋划（某个轮流执政的君主，也许不必是这个样子）。暴君则与此恰恰相反，他所追求的是自己的好处，在这里最清楚不过地看到蜕化形式是最坏的，因为最好的对方就是最坏。

政体在改变着，君主制变成暴君制。暴君制就是一种邪恶的专制，坏的君主就成为暴君。由于主宰者的罪恶，贵族政体蜕化为寡头政体，他们违背各得其所值的原则来分配城邦事务。他们把全部或大部分好的东西都归于自己，又长期占据着主宰的地位，把财富看得高于一切。少数居于主宰地位的人排斥好人。富豪制蜕化为平民制。这两种政体有着共同之点，富豪制也是以多数人决议而行，一切具财权的人都是平等的。在这些蜕化的形式中，平民制坏处最少。因为作为一种政体，它蜕化得最少。政体往往变成这种形式，因为这种改变是最小的，也是最容易的。

在不同的家庭中，作为样板也可以看到与政体相同之点。父亲对儿子的关系就类似于君主。父亲所关心的是儿子，所以荷马把宙斯称为父亲。一个王国愿其君主与父亲

一般。在波斯父亲就像暴君，他们使用儿子像奴隶一般。主人和奴隶的关系也是暴君式的，因为一切所作所为都是主人得利。主人这样对待奴隶也许是对的，但像波斯人那样对待儿子就错了。事物不同原则也相差异。丈夫与妻子的关系看来是贵族式的。丈夫要主持值得他主持的事情，做男人所应该做的事情。而那些适于妇女做的事情，让妇女们去做。如若丈夫主宰一切就会变成寡头制。因为他这样是违反了得其所值的原则。有时妻子作为女继承人而主 1161a
宰一切，这样的主宰显然不是基于德性，而是基于财富和势力，和在政体中一样。兄弟之间的关系类似富豪制，除了在年龄之间的区别外，他们都是平等的。因而，如若年龄相差过大，就不会产生兄弟般的友谊了。平民制很像一个无人作主的家庭，在这里每个成员都是平等的，主宰者软弱无力，每个人各行其是。

11

友谊也出现于各种政体之中，与公正并存。君主对治下的臣属要仁惠，良好地对待他们。如若他们是好人，那就要照顾他们，让他们行为优良，正如一个牧人对待群羊那样。这就是荷马为什么称阿加麦农王为牧人。这种友谊是父亲般的友谊（其差别在于，父亲的恩惠更大些，他是存在的原因，这就是一种最大的赠与了。此外，他还要哺养和教育）。这同样的恩惠也要归于我们的先祖。父亲对儿子，祖宗对后代，君主对臣属的主宰是自然的。在尊长中存在着这种友谊，这就是为什么祖先们要受到崇敬。在这里也存在着公正，但不是双方相等，而是各取所值。友谊也是这样，丈夫对妻子的爱相当于贵族制中的，以德性为依归，更好的人所得的多，每个人都有相应的报偿，公正也是这样。兄弟之间的友爱，似乎与伙伴的关系相同，他们是平等的，而且年龄相近。像这样一些人在大多数情况下，情感和习性都是相同的，因此类似于富豪制下的友爱。因为全体公民都力求成为平等和高尚的人，所以他们轮流执政，权力平等，他们的友谊也是这样。

在那些蜕化了的政体中，友谊和公正同样稀少，在最坏的体制中也就最少，在暴君制下就很少或者没有友谊。在那些主宰者和被主宰者没有共同物的地方也就没有友谊，没有公正。正如技术对工具，灵魂对身体，主人对奴隶，纵使这些东西全都由于被使用而受益，对于没有生命

1161b 的东西也不能有友谊，也不会有公正。对于一匹马和一头牛是这样，对于奴隶作为奴隶也是这样。因为在他们之间没有共同的东西。奴隶是有灵魂的工具，工具是无灵魂的奴隶。作为奴隶对它是不存在友谊的。然而，他可以作为人，对于一切服从法律，遵守契约的人，他们之间似乎有某种公正，作为人当然有友谊。在暴君制下既没有友谊也没有公正。在平民制下则友谊和公正最多，因为在平等的事物中，共同的东西是很多的。

12

一切友谊都在共同之中，正如我们所说。有人把亲属和伙伴除外，因为似乎同邦人、同族人、同

舟人等等更能表现这种共同性，他们仿佛是在遵守一个相同的公约。外邦人的友谊也可以归于这一类。

亲属的友谊表现为多种多样，但都是从父亲派生出来的。生养者把子女作为自身的一部分，照拂备至，子女们则把双亲当作自己存在的来源。双亲对他们的孩子所知道的更多，被生育的则对他们的生育者所知较少。与被生育者相比，生育者更依恋被生育者，被生育者是属于生育者的。正如牙齿、头发以及诸如此类的东西属于其所有者一样。而生育者却不属于被生育者，至少在程度上更小些。双亲对孩子的爱，在时间上也更长些。孩子们一旦生出就立即得到照顾。孩子们只有经过一段时间才懂得并感觉到他们的双亲。从以上所说就可以明白，为什么母亲有那么强烈的爱。生育者把后代当作自身来爱（他们是出于自身，而与自身相分离的自身）。孩子们爱双亲则把他们当作自身的来源。兄弟们相互地爱，由于是自然地出于双亲。这种与他们相关的同一性，就造成了他们的同一性。由此人们说：血脉相通，骨肉相连。也可说他们实际是同一的存在，只不过是处于分散中而已。这种友爱由于受共同哺养和年龄相仿而增大，因为年龄相近也就相亲，伙伴们习性相投。所以兄弟的友爱和伙伴的友爱是相同的。叔伯兄弟以及其他亲属，也是因此而相近，因为他们出于同 1162a
一祖先，因与始祖相距近或远以区别亲或疏。

存在着后代对先辈的爱和人对神的爱，这是种对善和尊长的爱。因为他们恩泽长流，是后代的存在和哺养的原因，并且教育他们。这种爱和非亲非故的友爱相比，给予更大的快乐和助益，因为他们的生活有着更多的共同之点。在兄弟的友爱和伙伴的友爱中，有许多共同的东西（特别是在高尚的人们中）。总而言之，在有共同性的人们中，都有这些特点。由于兄弟们更为接近，从生下来就知道相互关心，同时由于他们出于同源，并且在一起养大，受着同样的教育，所以性格也就相同，经得起长时间的考验，并且最为可靠。

其他亲属间的友爱，也因远和近的不同而不同。丈夫和妻子间的爱似乎是自然所予的，与政治相比人自然更需配偶。由于家庭先于城邦并且更加必需，而繁殖后代为各种动物所共有。对于其他动物交配是为了繁殖，而人的同居就不仅仅是为了生儿育女，还是为了生活的其他需要。功能的区别是直接的，男子和妇女就各不相同，他们要相互帮助，把自己所固有的特长投入共同事业中去。由于这样的缘故，在这样的友爱中既有助益又有快乐。如若他们的品格高尚，也可能是基于德性的。正由于每人各自有其德性，所以才由此感到愉悦。孩子们是维系的绳索，没有孩子就容易离异。孩子是双方共有的善，共同的东西把人结合到一起。

至于丈夫对妻子，总而言之朋友对朋友应该怎样的问题，这和研究怎样是公正是同一个问题。看起来在朋友之间、陌生人之间、伙伴和同学之间这都是不相同的。

13 正如在开始所说，友谊有三种，在这里，有的朋友是平等的，有的则有差别。（因为不但同样高尚的人可以做朋友，一个较好的人也可和坏人作朋友。虽然在基于快乐和基于利用的友谊间有着共同之点，但朋友们在提供助益方面也可平等和不平等。）既是这样，那么平等者，就以爱和其他方面为依据，而实现了所需要的平等。不平等者则按照地位的差别，而使之成为比例。

抱怨和责备仅仅和主要存在于基于利用的友谊中，而且这是难免的。基于德性的朋友，都希望对方好（因为这是德性和友谊的标志），在互相钦佩的人之间，就不会有抱怨和争吵。谁也不会对他所爱的人以及得其好处的人发怒。如若一个人心地宽宏，他就要以德报怨。谁也不会因被朋友超越而不满，因为这正是他的目的，每个人都希望好的事情。在基于快乐的朋友之间也不会有抱怨，因为双方都得到了自己所希望的东西。他们在一起享受着所消磨的时间。甚至一个人抱怨别人没有给他以快乐，也是毫无道理的，因为他本可以不和别人共度时光。

在利用的友谊中才充满抱怨，因为他们总想为了自己的益处而利用对方，总想在交易中占到便宜，他们认为自己所得到的少于应得，抱怨他们的伙伴们，因为自己没得到全部所要求的东西，没有得其所值。人们不论做多少事情，总也满足不了那些贪欲之心。

公正似乎可分为两类，一是不见于文字的，一是以法律为依据的。基于利用的友谊也分为伦理的和法律的。抱怨之产生，主要在于交往的结果和关系建立时的精神不相符合。法律上的友谊是建立在既定条文之上的，不论是一种单纯商业上的现钱交易，还是比较自由的将来付款，这里当然要有等价交换的协议。在后一种情况当然不会有什么抱怨，因为在这里权益是清楚的，虽然可以出于友谊的原因而推迟偿付。但在这种情况下并不产生法律程序问题，因为在这里认定契约中的一方，负债的一方最后会遵守协定。伦理型的友谊则不以既定条文为依据，人们赠送礼品或做其他事情都像是朋友一样。但给予者期望着得到更多回赠，那他就不是给予而是借贷了。当然在交往的结果与开始订约时的精神不相符合时，人们就要抱怨了。理由在于，所有的人，或者大多数人，所期望的是高尚，所

1163a 选取的却是利益。施恩不望报是高尚的，但收到回报却是有利的。

所以，如有可能应对所接受的给予相应的回报，因为一个人不愿给予回报就决不能成为朋友。还应该认识到，从不应该接受其好处的人那里接受了好处，开始就是错误的。因为，这样的人不是一个朋友，这个人不是为了给予而给予，所以就应该终止来往，正如按既定条款而接受一样。同时，只要有可能，人们应该对接受给予同等的回报。所以要尽可能做到礼尚往来。人们从一开始就应该考虑从什么人接受，以什么条件接受，合乎条件就接受，不合乎条件就拒绝。

人们在争论，赠予的价值到底应以对接受者的益处来

衡量，还是以回报的大小来衡量，或者以给予者的恩惠来衡量。受惠的人总是说，他们从赠予者那里所接受的东西并无多大价值，而且这些东西他从别人同样可以得到。他尽量贬低赠予的价值。而给予者则完全相反，说他所给出的东西是他所有的最好的，而这东西是从任何其他人那里都得不到的，而且恰恰是在最关键的时刻。当然，如若友谊的目的就是利用，那么，收受的利益当然是衡量的尺度。因为，一个人有所求，就是要有所得。而其他的人，也是为了相应的回报而帮助他。所以提供帮助的大小一定要和回报的利益相等。他所回报的，一定要和所得的利益同样多，要是更多一些，那就更高尚一些。在基于德性的友谊中，则不会产生抱怨。给予者的选择似乎就是尺度，德性和性格乃是选择的主宰。

14

在基于等差的友谊中，也出现了分歧。每个人都以为自己所值最多，如若这种情况出现，友谊就解体了。一个较好的人认为，他应该多得一些，因为好人应该多分，而更加有用的人也这样想，他认为，对于无用的东西就不应该有什么平等。如果是由于友谊的缘故，而不按工作成果的所值，那就不再是什么友谊，而是施舍。他们还认为在商业社团中，那些投入最多的人，取得的也最多，在友谊中也应当是这样。另一方面贫穷和低贱的人则相反，他们认为，好朋友之所以为好朋友，就在于患难相助。如若他们一毛不拔，怎能说得上是好朋友和有力的 1163b

朋友？这两种主张看来都有其道理，每一方都应该从友谊中所得多于对方，但所得的东西却不一样，对于那些富裕的所给的是荣誉，对于那些贫乏的人则给予收益。

看来，在城邦的事务中也存在同样的情况。对共同事业无所奉献是不会得到荣誉的。共同的东西只能给予对共同事业有贡献的人们，而荣誉就是共同的。一个人不能从共同的东西中既取得钱财又取得荣誉。谁也不会满足于在所有的事情上，所得都是最少的一份。所以，对在钱财上受到损失的，就在荣誉上给予补偿。对于那些贪恋钱财的，就满足以钱财。正如我们所说，这样就做到了各取所值，保全了友谊。这也可以使不平等的朋友得到平衡，对于在金钱上的帮助和德性，要尽可能以荣誉为回报。友谊所要求的是尽其所能，而不是报其所值。因为这并不是在一切场合都存在的，例如对诸神和祖先的崇祀，就不能报其所值，一个尽力而为的人，被认为是一个高尚的人。这就是为什么，虽然不允许儿子不认父亲，父亲却可以不认儿子。欠债还钱，儿子对父亲所欠的债是还不完的，所以他是一个永远的负债者。债权人却可免除债务人的债务，所以父亲可以否认儿子。同时，除非儿子过度邪恶，否则谁也不主张把儿子赶走。因为除自然的友爱之外，作为人不能拒绝对他人的帮助。一个坏儿子才逃避对父亲的帮助，或者并不认真帮助。许多人都愿受到好的待遇，却不愿做好事，而把它当作无益之举。

关于这个问题我们就说这么多吧。

第九卷

1 在种类不同的全部友爱中，比例都使它们相等，并得以保持。正如我们所说过的那样，例如在公民生活中，人们按照鞋的所值向鞋匠付款。对织工以及其他匠师们也是这样。在这里人们制定了一种共同的尺度，这就是货币，一切都以它为基准。一切都以它为尺度。在爱情上，有时一个爱人抱怨他的热爱没有得到应有的回报，这种情况之所以出现，也许由于他不具有可爱之处。一个被爱的人则经常抱怨，以前对他所作的允诺现在却无一兑现。这类争议的产生，是由于爱人是因快乐而爱被爱者的，而被爱者又是为了实利而爱爱者，而双方都没有各如所愿。因此爱情也就瓦解了。他们所追求的快乐没有得到。他们所关注的不是事物的自身，而是那些附带的，不经久的东西。但正如我们所说，道德的爱却保持其自身，始终如一。其区别就在于，人们所得到的东西异于他所追求的，而得不到他们所要求的东西，于是一无所得。正如一个琴师的雇佣者说，琴弹得越好，报酬也就越多。而在第二天，当琴师索取报酬的时候，他却说，他已经以快乐报偿快乐了。如若琴师所希求的是快乐，这样的话当然也完全有理。如若一个所期求的是享受，另一个所期求的却是收益，一个有所得，另一个却无所得，那么这就不是公平交易。一个人所关注的只是他所需要的东西，为此他才给出他所有的东西。

然而价值是由谁来决定的呢？是奉献者还是受益者呢？看来奉献者似乎是把权利交与受益者。正像人们所说，当普罗泰戈拉讲授一个题目的时候，就让学生们对这一科目进行评估，他则照价收费。但在这类事情上人们往
188 往主张“以人论价”。有些人事前收取了订金，但没有做到他所说的事情，由于他应许得过多，于是就引起了抱怨，因为他没有做到他所应许的事情。那些智者们好像不得不这样做，谁也不是由于他们的知识而付钱，由于他们不是因所做的事情而收取费用，这就引起了抱怨。

在服务的报酬没有商定的情况下，如若所提供的服
1164b 务，如以上所说，以对方自身为目的，那就不会招致抱怨(因为这种服务就是德性和友爱)，而回报则须符合选择(因为选择是符合德性和友爱的)。对于那些在一起研究哲学的人，人们也许这样地进行回报，因为他们的价值是不可用金钱来衡量的，任何荣誉也不能与之相匹配，只有像对待神和父亲那样也许才是足够的。

如若所给予的不是这类东西，而是为了某种回报，那么，这回报最好在双方看来是各得其所值。如若做不到这一点，就必须先由接受者来确定，并且要决定得公正。所谓公平合理，就是对方所受到的报酬与他所提供的利益相当，或者他所得的快乐与他所付的代价相当。在买卖的情况下，事情也是这样。有的地方法律规定不许随意定价，因为合同应该按照交易的原则，与所委托的人订立下来。并且认为价格的合理规定，应出于接受的一方，而不应出于付出的一方。因为，依照常规物品的所有者和物品的需求者，对物品的估价是互不相同的。在物品的所有者看来，价值总是高的，而所付的价钱则要求由需求者的估价来决定。当然，需求者的估价不应是他接受时看来是怎样的，而是他在这之前对物品的估价。

2

在这里还有一个疑问，这就是对父亲应否任何时候都要尊敬听从，而只有在患病的时候才听从医生，只有在选举将军的时候才投最能干士兵的票。同样，和有德性的人相比是否更应该照顾朋友，和伙伴相比是否更应该报答受其好处的人，如若两者不可同时兼顾的话。

对于这一类的事情，也许难以确切地规定。因为在这里，不论是数量上的大和小，还是在性质上的好或坏，还是在程度上的大和小都是千差万别的。总之，很清楚，同一个人不能一切占全。也许更应该报答所受的恩惠，而不是施惠于伙伴，正如更应该先归还债务，而不是向伙伴们借贷一样。但事情也并非永远如此，例如，一个被勒索赎金的人是只要不做俘虏，不论他是谁，就交付赎金呢，还是从强盗手中，从绑架者手中再把赎金索回。也许首先应
1165a 该把父亲赎回，因为这更为重要。正如所说，欠债一般应该归还，然而，如若赠与更为必要，更为高尚，那么就应该赠与。在某种情况下，归还与所受相等也并不公平，例如对一个明知其为德性的人的给予，与对另一个明知是坏蛋的人的报答。由于这样的缘故，对于借钱给他的人，一个人甚至不必让其回借。一个人借款给好人，他有希望收回债务，另一个则无望债务的归还，因为对方是一个坏蛋。如若对方是个坏蛋，这种要求本身就不妥当，如果他并不真是恶棍，而只是人们认为那样，那么拒绝回借也算不了什么背理的事情。已经多次说过，在情感和实践的事务上，只有在与对象有关时才具有确定性。

并非所有的人要求都是一样的，就是对宙斯也不是什么东西都可供奉，这无可置疑。双亲和兄弟，伙伴和施主的要求各自不同，对于每种人都要给以与他们的本己相适合的东西。众人看来都是这样做的，在婚礼上要邀请亲族参加，他的宗族是共同的，而这些活动也是些家族活动。根据同样理由，人们认为葬礼更应该邀请亲属参加。有人认为，对双亲最重要的是奉养，因为这好像是债务，他们是我们存在的原因，和我们自己相比，这种奉养是高尚的。对双亲还要像对诸神那样尊敬，但不是一切尊敬。因对父亲的尊敬和对母亲就不一样。对贤哲的尊敬和对将军

也不一样。对父亲有对父亲的崇敬，对母亲有对母亲的崇敬。对于一切长辈都要按其年龄给予崇敬，如起立相迎，离座相让以及诸如此类的事情。对于伙伴和兄弟应坦诚相待，祸福与共。对于同族和同邦人等，则报之以他所应得的。对他们要按其族属，按其德性和效益而区别对待。在同类的人们中作出区别较为容易，而对不同类的作区别就较为费力了。但我们不应逃避困难，而是要尽可能地加以区别。

3 还有一个疑问，在不能保持一致的情况下，友爱是 1165b
否会解体呢？有的朋友是为着有用和快乐的，这种原因一旦不存在了，友谊的解体是无可厚非的。友谊就是这类事情的友谊，这类事情一旦失去，友爱也就理所当然地结束了。如果一个人是为了有用和快乐而被爱的，却装作是为了德性，他就要抱怨。正如我们在开始时所说，当人们看到朋友实际上不像自己所想的那样，就会产生很大的分歧。如若一个人是为了德性而爱人，对方所做的却不是这样，他就犯了错误，要责怪自己。如若他是被人的伪装所欺骗，那就很公正地去谴责欺骗者，这种人比伪币制造者更为可恶，因为友谊比金钱更为贵重。

若是一个人被当作好人而成为朋友，他却变坏了，或者认为他变坏了，应该再去爱他吗？这是不可能的。因为不应该爱一切人，而只应该爱善良的人。爱坏人是错误的，不应该爱坏人，爱坏人也就是让自己变成坏人。如我们前面所说，朋友们都是同类相聚，近朱者赤。那么，友谊就要直接断绝吗？并不一定全部如此，而只是对那些不可救药的坏人。对于那些可以改正的人，更多的则是帮助，在德性上和在生活上的帮助。因为在友谊上这是更良好的，更为本己的东西。但绝断了友谊也无可厚非，因为他已经变了，不是从前的朋友了。既然无法挽救，还不如爽快分手。

倘使一个朋友原封不动，另一个却大大提高，并且在德性方面也优越许多，这两人还能继续做朋友吗？当然不能。在差距更为重大的情况下，事情就变得更为明显。例如，在儿童时期的朋友，一个还仍然保持其儿时的智力，另一个却长成为精干的男子。他们的兴趣不同，好恶各异，甚至于连共同的活动都不能参加，而没有共同活动也就没有友谊，这些道理，我们前面已经说过了。

对待人仿佛只能是像不认识那样，而不能有另外的样子吗？如我们所想的那样，对老朋友应该比对陌生人更为亲切些，应当记得在一起的那些过去的时光。就是有时由于过度的恶感而分手，对他们也应该因过去的友谊而关心。

4

1166a 对邻人的友谊，以及对友谊的规定，似乎都是取决于人们如何对待自身。人们认为，一个朋友希望或以实际行动为对方做好事，也许看起来是好事。或者为了朋友自身希望他存活下去，正如母亲对孩子那样的情感，即使对吵过架的朋友也是一样。朋友们要经常来往，趣味相投，苦乐与共。而做母亲的人恰是具有这种情感最多。人们就是以这几种方式中的某一种来规定友谊，善良的人也以同样的方式对待自己（其他的人，只要把自己当作好人，也是这样。正如所说的那样，德性和善良看来就是事物的尺度）。因为，这样的人表里如一，全心全意地追求着同一事物。所以，他希望自己善良，或者认为善良，并加以实践（因为，一个善良的人要为善良的事情而奔忙），并且是为了善自身。（因为这就是思索的部分，看来这部分才是人的真实存在。）他想望生活，自我保存，特别高贵的是思考，对于善良的人来说，善良才是真实存在。每个人都希望自己好。如若让一个人变成其他东西，给什么他也不会要。（就是神也要把现在当作最高的善。）他就要保持现在的这种样子。看来理智就是每个人的真实存在，它是高于一切的。好人愿意与自己作伴，并且以此为乐。过去的回忆使他欣慰，未来的美好希望使他愉悦。思辨盈溢着他的心怀。他比谁都易于感受快乐和忧愁，他无时不在快乐和痛苦，而不是一会儿快乐，一会儿痛苦，正好像他从不后悔。

由于善良人对自身都是这个样子，他对待朋友也正如对待自身（因为朋友就是另一个自身），而在朋友那方面也是如此，这一切也就是作为朋友所应真实具有的。至于一个人是否能和自己作朋友的问题，这里且不讨论。这样的友谊，似乎认为人是由两个或三个部分构成，而一种强

1166b 烈的友情就是如同对待自己一样的关怀。

以上所说的情况，看来对许多人，其中包括着低下的人，都是一样。这也许就是自我欣赏，对自身优点的认可，不是这样吗？不过在最下流的人和罪犯那里却不出现这种情况，一点迹象也看不出来。甚至于那粗俗之人也不能这样，因为他们与自身不同，他们所欲望的是一种东西，所期求的却是另一种东西，正如那些没有自制力的人一样，他们所选择的东西与他们看来是善的东西相反，实际上只是使人快乐、但却有害的东西。有些人由于怯懦和懒惰，不去做那些他们认为对自身是最好的事情。至于那些作恶多端的人，由于罪恶而憎恨自己，逃避生活，毁灭其自身。那些邪恶之人总想与人结成伙伴，逃避他们自己。因为在与他们自己相处的时候，他们就会回忆起许多坏事，并且想到同样的未来。如若和别人在一起，他们就会忘记。由于并无可爱之处，所以他们也感受不到对自己的爱。像这样的一些人，对自身既不喜欢，也无忧愁。他们的灵魂分崩离析，其中的一部分，由于邪恶而对回避某种放纵感到痛苦，另一部分则对此感到高兴。如若不在同时感到快乐和痛苦，那么，在享乐之后不久，他就会因此感到痛苦，他就会期望自己不曾享受过这种快乐，所以卑俗之人总是处于悔恨之中。

一个恶人，由于没有可爱之处，对自己并不会友好。如若这样情况是极其悲惨的，那么我们就应尽力避免邪恶，行为善良，这样就不但会对待自己友好，也能和别人去交朋友。

5

善意[1]看来是友好的，但并不是友情。因为对不相识的和无所知的人都可以有善意，友情则不能这样。这在前面已经讨论过了。善意也不是爱情，因为它没有急迫感和欲求，而不论什么样的爱情总要与此相伴。而相爱总要有共同之处，善意却是突然产生的，如在竞赛中所碰到的那样。善意在人们那里产生，引起人的同感，但在实际上却无所帮助。善意是突发的，对人并无实际的用 1167a 处。

但善意似乎是友谊的起点，正如视觉上的快乐是恋爱的起点一样。没有形象上的诱惑就不会有恋爱。不过有时候有了形象上的快乐，也不见得去恋爱。而只有不在一处的时候就痛苦，总想见面的时候才快乐，这才是恋爱。同样，如没有善意友谊就不能生成，但善意却不是友谊。一个怀有善意的人，只是期望其对象得到好处，却并不对他们做什么实际的事情，他不因此去找麻烦。转义地说，善意可以是尚未起作用的友谊，如若继续下去增加接触，也就变成为友谊了。这不是图什么用处，享什么快乐，这些东西是产生不了善意的。对所受的好处应公正地报答，这是善意。然而为贪图对方的报答而做好事，却并不是对他人的善意。正如为某种实惠而照顾他人的人算不得朋友一

① eunoia。

样。总而言之，善意由德性和善良而产生，在一个人表现为善良和勇敢时它就出现，如我们所说在竞赛之时那样。

6

同心①是一种友好的表示，所以同心并不是意见相同。因为互不相识的人之间也可以意见相同。它也不是对某件事情的共同认识上的同心，例如，对天体的认识（因为在这类事情上的同意，并不是什么友好）。这里所说的，是在公民事务上的同心，他们的利益一致，选择相同，并为共同决定而尽力。这是在实践问题上的同心，特别是在重大问题上，要求双方同心，以至全体同心，例如各个城邦，有时全体都同意选谁为领袖，与斯巴达结盟，以毕达柯斯为首领（只要他也愿意）。如若每个人都有他自己所希望的，像在腓尼基人那里一样，那就要引起争端。所谓同心并不是大家都在同时想一件事情，与同一件事情有关也就够了。例如，平民和富有的人都想由一个
1167b 最好的人来领导，这样全体都会满意。所以，同心可以说是政治上的友谊。这有关于公民福利，影响着他们的生活。

这样的同心只存在于好人之间，这些人不但与自己同心，而且与别人也同心。因为他们，像所说的那样，是存在于自己之上，他们愿意总是保持不变，而不是像潮水那般流转无常。他们所期望的就是公正和福利，并且为此而

① homonoia。

共同奋斗。至于坏人，除了在细小事务上，就不能有这样的同心。他们在有便宜的事情上总想多占，而在费气力的事情上总想少沾。他们对自己总是多多益善，并且去妨害自己的邻人。如若人们不加警惕，公共事业就要被毁掉。在他们之间会出现争吵，他们都在强迫他人，而自己却不愿去做公正的事情。

7

有些人认为，与受恩者爱施恩者相比，施恩者更爱受恩者。这看来有点违背情理，应该加以探讨。在许多人看来，这是由于受恩者处于债务人的地位，施恩者处于债权人的地位。在这里，情况正如借贷一样，债务人希望他的债主不存在才好，而债权人则是真心实意地关心自己债务人的安全。所以，人们认为，施恩者之关心受恩者的存在，由于他们可以得到报答，而受恩者对是否报答并不关心。爱庇哈莫斯（Epikharmos）可能说，这种看法只见到了“事情的阴暗面”，但人的本性确十分像是如此。大多数人善于遗忘，希望多得好处，却不愿多做好事。

事情的原因在自然中有着更深的根源，施恩者和债权人不能相比，债权人对债务人并不友爱，而只是希望他能安全地偿付贷款。施恩者对受恩者则满怀友爱和热望，即使这时他并无用处，以后也无用处。这正如匠人与他的作品一样。一切匠人都更热爱自己的作品，而他所创出的作品却不会更热爱他，即使它们能变成为活物。这对诗人更 1168a
为明显，他们对自己的作品有着过度的爱，把它们当作孩子来抚爱。施恩者似乎也和诗人一样，对人所做的好事就是自己的作品，他们对它的爱护胜于作品对创作者的爱护。这原因在于，存在对一切人都是可贵和可爱的，我们是由于现实活动而存在（即生活和实践），从某种意义上说，作品就是创作者现实活动中的存在，所以对作品要倍加爱护，因为他们所爱的是存在。这个道理是十分自然的。凡是潜在的东西，可能的东西，都要通过现实活动显现为作品。

同时，对于施恩者来说，行为中有着高尚的东西，所以对恩惠的接受感到欣喜。受恩者则不然，在受恩中没有什么美好的东西，如果有的话，也不过是便宜，这当然不太使人快乐，也不太令人可爱。对创作者来说，作品是持久的（因为美好的东西是常驻的），对受恩者来说，实利则是暂时的。现实活动使人快乐，将来的希望使人快乐，过去的回忆使人快乐。但最使人快乐的还是现实活动，它同样也是最可爱的。对美好事物的回忆使人快乐，但对有用事物的回忆却不是这样，至少是较差一些。而对未来的期望则似乎恰恰相反。爱似乎是主动的，被爱则是被动的。所以友爱和友好的事物总是属于实践者。

此外，所有的人都对经过辛苦而得来的东西更加珍爱，例如对自己赚得的钱，就比对承受来的钱更加珍爱。承受的好处似乎就在于不需费力，而做好事却要辛辛苦苦。正因为如此，所以母亲更加疼爱孩子，因为生育的辛苦更大。母亲更有权力说孩子是自己的，看来这也是施恩者们所固有的特点。

8

还有一个疑问，人是否应该最爱自己或某一个人。人们责备那些最为热爱自己的人，而用一个贬词，称之为只知爱自己的人。坏人被认为做一切都是为了自己，并且为自己所做的越多，他也就变得更坏。人们斥责他，说他从不为别人做任何事情。而人做事是出于高尚，所做的越多，他也就越好。他总是为了朋友而不顾自己。

然而事实和这些道理并不吻合，而且也并不是无道理的。人们说，一个人应该爱他最好的朋友。而最好的朋友就是一个希望对方就其自身而善的朋友，即或并没有他人 1168b
知道。这种情况，在一个人对待自己的时候最经常出现，用来规定朋友的全部其他属性也都是这样。所以说，一切与友谊相关的事物，都是从自身而推广到他人。一切谚语也都同意这个说法。例如，什么“心灵相通”、“朋友彼此不分”、“友爱平等”、“血肉相联”，这一切主要都是就自身而言的。因此，一个人是他自己的最好的朋友，人所最爱的还是他自己。这样又产生了一个疑问，既然双方都是可信的，我们到底应该接受哪一个道理呢？

在这种情况下，只有把两种道理区别开，看一看每一种在多大程度上，以什么方式是真实的。如若我们以爱自己为例，弄清每一方面到底是什么意思，这也许就更清楚了。

有些人把这个词用于贬义，把那些多占钱财、荣誉和肉体快乐的人称为自爱者。这些东西，也确是许多人所追求的，这些人把它们看作是至高存在，朝思暮想，因此而你争我夺。多占这些东西的人都沉迷于欲望之中，整个地说来，是沉迷于情感，沉迷于灵魂的非理性部分。大多数人都是这类人。并且从这样众多的丑恶事实，就产生了这样的称谓，这样来谴责那些自爱者是公正的。而许多人习惯上把这类事物的多占者称为自爱的人，意思也不是不清楚的。然而，如若有人所向往的是行公正的事比所有的人都多，或者节制，或者诸如此类的德性。总之，想使自己高尚而美好，谁也不会说他是个自爱的人，说他是错的。这种人似乎是个更大的自爱者，他分配给自己的全都是最美好的东西，他顺从自身的主宰，从不违拗。正如在一个城邦中，一个组成的整体中，主宰者就是真实存在，对于他也是这样。一个自爱的人，就是对于这种主宰的热爱，对于这种主宰的服从。此外，所说的自制或不自制乃是指理智的能或不能，这必须是每个人自身存在才行。并且伴随着理性所行的事情，才可称得上自己的行为，自愿的行

1169a 为。因此，不难明白，主宰的部分是每个人最重要的部分，一个贤德的人所热爱的也就是这一部分。所以，只有这样的人才是真正意义下的自爱者，完全不同于应受谴责的那一类人。他们之间的区别在于一个是按照理性来生活，另一个则是按照情感来生活。一个所向往的是高尚的行为，一个所向往的看来是有利的东西。那些对高尚行为特别热心的人受到普遍的赞扬和尊敬。如若所有的人都在

高尚方面竞赛，争着去做高尚的事情，那么共同的事业就会圆满实现。每个人自身也得到最大的善，因为德性就是最大的善。所以，善良的人，应该是一个热爱自己的人，他做高尚的事情，帮助他人，同时也都是有利于自己的。邪恶的人，就不应该是个爱自己的人，他跟随着自己邪恶的感情，既伤害了自己，又伤害了他人。邪恶人的所为之事和所应为相背驰，而善良之人所做的一切都是他所应该做的。一切理智都为自己选择最好的东西，所以善良之人服从理智。

事实上善良的人，总是为了朋友，为了母邦而尽心尽力，必要时甚至不惜自己的生命。他鄙弃金钱、荣誉，总之那些人们竞相争夺的东西，为自己他只求得高尚。一个极大快乐的短时胜过多日，一年的高尚生活胜于多年的平庸时光，一次高尚伟大的行为胜于多次琐碎活动。这样一些人经常地舍弃他们的生命，为自己赢得巨大的光荣。他们肯于舍弃金钱，只要朋友们获利更多。因为，朋友所得到的是金钱，他们自己所得到的则是高尚，这样，就把最大的善分给自己了。对于荣誉和领导位置也是这样，他们把这一切都交付与朋友，给自己所留下的只有这个高尚。他们当然被视为道德高尚的人，重视高尚胜于一切。他们甚至自己不出面活动，而让朋友去活动，而这一功劳归于朋友，比自己亲身去做更为高尚。很显然，在可称赞的事物中，大部分高尚的事情都被他们据为己有。他们才真是我们所说的自爱者，那些人大多数是不该当此名称的。 1169b

9 有一个争论着的问题，即对于幸福来说，朋友是否必要的。有些人说，对于享至福[1]得自足的人们说，朋友并不是必需的，因为在他们那里已经万善俱备了。自足就是种一无所缺的存在。至于朋友，作为另一个自我，只是补充一个人所不能的东西。所以说，

当其吉星高照之日，就是无需朋友之时。

有人说幸福的人既具备了一切的善，就不再需要朋友了，看来这是荒唐的，因为在外在的善中，朋友正是最大的善。如若一个朋友要更多地做好事，而不承受好处，那好事就属于善和德性，对朋友做好事比对陌生人做好事更为高尚。一个道德高尚的人需要一个承受其好处的人。所以，就还得去探索，到底在幸运时，还是在不幸时更需要朋友。因为，处于不幸中的人需要一些做好事的人，而在幸运中的人，又需要有人来接受他们的好处。

把至高幸福，至福当作是孤独的，似乎荒唐，谁也不会选择单独一个人去拥有一切善。人是政治动物，天生要过共同的生活。这也正是一个幸福的人所不可缺少的，他具有那些自然而善的东西，但还要和朋友在一起，和高尚的人在一起，这显然比和陌生人和偶遇的人在一起为好。所以，幸福应该有朋友。

那么，前面所说，到底是什么意思呢？怎样它才是真实的呢？许多人认为朋友就是些有用的人。所以，一个人

① makarios。

享有至福就不再需要这些人了，对于他一切善都已具备了。他不需要由于快乐的朋友，或很少需要，因为生命本身就快乐，就不再需要多余的快乐了。同时他没有必需，也不需要有用的朋友。所以，他不需要朋友。

这种看法也许并不真实。在开始就说过，幸福是某种现实活动，而现实活动显然要生成，而不是某项财产的占有。如果幸福的享受是在生活之中，在现实活动之中，那么，善良人的现实活动就是高尚的，它本身就是快乐的，正如在开始时所说那样。如若自身所有的东西就是善良的，那么和自身相比我们就能更观照邻人，和自身的行为相比，我们就更能观照邻人的行为。朋友们的高尚行为使 1170a
善良人快乐（因为这些行为具有双方的快乐本性）。至福之人是需要这样的朋友的，如若他选择去观照高尚和本己行为的话，这些行为就是作为朋友的、高尚人的行为。人们认为幸福生活应该是快乐生活，然而孤单一人则难于生活，并且只靠自身就难于进行不断的现实活动，只有在他人的帮助之下，与他人的协作之中才更容易些。至福之人也应如此，他固然是就自身而快乐，然而协同的现实活动却更能持久。一个高尚的人，凭着他的高尚，就会喜欢那些合乎德性的行为，而厌恶那些出于邪恶的行为。这正如一个乐师喜欢那些美好的旋律，而厌恶那些恶劣的旋律一样。正如塞奥哥尼所说：“近朱者赤。”

如若从更深的本性上来考察，就会见得，高尚的人自然选择高尚的朋友。已经说过，本性上的善就是高尚的善，就是自身的快乐。生命是有限定的，对动物来说，它为感觉能力所限定，对人类来说为感觉和思维能力所限定。由潜能而进至现实活动，而在现实活动中这是主导的。去生活似乎主要地就是去感觉和去思维。生命就其自身就是善，就是使人快乐的。因为它是限定的，而限定是善的本性，而在本性上的善也就是高尚人的善，正因为如此，所以它使一切人快乐。但这里所说的生命不应看作是罪恶的生命、腐败的生命、在痛苦中的生命，这类的生命是无限定的，正如它的属性一样。什么是痛苦下面会看得更清楚。如若生命本身就是善和快乐（这是由于人人都在追求它，特别是高尚的人、至福的人都在追求它。对于这些人生命受到最大的重视，他们的生命就是最高的幸福）。一个人看，就是他感觉到在看。一个人听，就是他感觉到在听。一个人走，就是感觉到在走。其他情况也是这样，都须有一个东西来感觉到现实的活动。譬如，我们感到我们在感觉，我们也可以想到我们在思想。我们感到我们在感
1170b 觉，想到我们在思想，也就是我们存在。（因为感觉和思想就是存在。）感觉到生活着其本身就是快乐（生命的本性就是善，在自身之内拥有了善就感到快乐）。生命是宝贵的，特别是对于那些善良的人们，因为对他们来说，存在就是善和快乐，他们由于感到在自身的善而快乐。他们是这样对待自己，也同样对待朋友，因为朋友就是另一个自己。既然存在自身对每个人都是可贵的，那么朋友也就同样的可贵。存在是由于作为对自身善的感觉而可贵，那

么，这种感觉在其自身就使人快乐。对朋友的存在应该具有同感，这休戚与共的同感来自共同生活、交谈和思想的交流。人们认为，这才是人的共同生活，它和牲畜不一样，不仅仅是在一处喂养着。

存在如若对至福之人其自身就是可贵的，它就是自然的善和快乐，朋友的存在也近乎如此。所以，朋友也属于那些可贵的东西。凡是对自身可贵的东西，自身就该拥有它，不然就有所缺乏。对于一个幸福的人，当然要有高尚的朋友。

10

朋友到底是多多益善呢，还是像关于好客的谚语机智地所说的那样：

不要过多的客人，但也别一个没有。

这话也适用于友谊，不要没有朋友，也不要过多的朋友。对于那些为有用而交朋友的人来说，这话是十分恰当的。(回报太多使人劳苦不堪，而且人的一生也是报答不完的，所以，这样朋友多于生活所固有的需要就成为累赘，妨害美好的生活，他们是没有必要的。）对于那些为快乐而交的朋友来说，正如食物中的糖一样，很少几个就足够了。那么与高尚的人交朋友，是否在数量上越多越好呢？还是像城邦那样，朋友的数量以适中为好？十个人当然组不起一个城邦，然而，城邦也不能由十万人构成。数量也不是简单划一的，都是在某些界限之间的居间者。朋友的数量同样有一个界限，如果交的朋友太多，他就不能和他们在 1171a

一起共同生活了。而共同生活却被认为是友谊的最好标志。很显然，一个人不能和众多朋友生活在一起，与他们分享。此外朋友的朋友，也可以互相作朋友吗？如若他们都想在一起共同度日，这种事情在众人之中就为难了。与众多的人很难发自本己地分享快乐和忧愁。似乎只能碰巧和某个人一同欢乐或苦恼。

看来还是不去寻求过多朋友为好，而只是寻求为共同生活所需的足够的朋友。人们认为，朋友多了就不可能对他们都极其友爱，正如爱情也不能相对于多数人一样。它是某种超乎友情的东西，所以只能相对于一个人，所以极度的友情也只能对少数人。这种看法为事实所证实，作为伙伴和朋友是不能多的，人们所常谈到的知名的朋友都是成双的。与许多人交朋友，碰见什么人都亲热，那就对谁也不是朋友，而只是同邦人，像这种人就被称为自来熟。既要对同邦人都相友好，而又不成为自来熟，这才是一个真正高尚的人。对许多人是不能做由于德性、就其自身的朋友的，能寻找到少数这样的朋友，也就令人高兴了。

11

在幸运中，还是在不幸中更需要朋友呢？在两种情况下人们都寻求朋友。遭不幸的人期求援助，在幸运中的人需要陪伴，他们想做好事要求有接受好处的人。所以，在不幸中，有用的朋友更为必要，在幸运中高尚的朋友更为必要，因为在不幸中更为急迫，在幸运中更为高尚。不论是做好事情，还是共同生活，人们都更愿选择高尚的人做朋友。也许朋友在场本身就使人快乐，不论是在幸运中还是在不幸中。受痛苦的人们由于朋友的分忧而得到慰藉。于是这里发生了一个疑问，他们到底是分担了重负呢，还是并没有，而只是他们的在场就使人高兴，由于想到有了分忧之人，使痛苦得到缓解。到底由于这种原因还是其他原因使人得到宽慰，且不去管它。不过，这里所说的情况是显然的。

朋友们的在场似乎是某种混合性的，能够见到朋友，这本身就使人快乐，特别是对于那些不幸的人，因为这有助于减轻痛苦。一个朋友，如果他是体贴的，他的目光，1171b
他的话语，就足以使人感到安慰。因为他知道习惯，什么事情使人痛苦，什么事情使人高兴。感到人们是因自己的不幸而痛苦，是件痛苦的事情。所以，人们都避免自己变得使朋友们痛苦。所以，那些性格坚强的人自然避免朋友们分担自己的痛苦。除非有那种对一切痛苦都能经受的人，否则就无法把朋友们所受的痛苦都担当起来。总之，他不要朋友为他而悲哀，他自己也从来不悲哀。然而，妇人们和女性化了的男子却喜欢别人与他们共同悲哀，爱这些人，把他们当作真正的朋友和同情者。在一切事物中，我们显然应该以最善最美的东西为榜样。

幸运的日子里，有朋友在场就过得更愉快，并且想到自己的好日子会使他们高兴。所以，在幸福中应该热情地去邀请朋友（因为做好事是高尚的）。而在不幸中尽可能不去麻烦他们（要尽可能地少让人分担自己的噩运，正如俗语所说："全部不幸就由我一人承担吧"。）最好是在费力最小、效益最大的事情上，去请朋友帮忙。

相反，对于那些不幸的人，应是热烈地不请自到（因为既做朋友就应帮助，特别是在急需的时候，不请求的情况下，这样做在双方都是高尚的、令人高兴的）。对于幸运的人也要积极合作（因为他们需要合作者），分享好处则不必匆忙（急功近利并不高尚）。但请注意，也别矫揉造作，这种事情有时会碰到的。所以，在任何情况下朋友的在场都是可贵的。

12

正如在爱情方面那样，最令人喜悦的是观看，这种感觉，比其他感觉都更受欢迎，由于爱情最主要地是在这里存在和生成，对于友谊来说，共同生活不也是最高选择吗？因为友谊就是共同性，怎样对待自己，也怎样对待朋友，对自己感到存在令人欣慰，对朋友感到存在同样令人欣慰，而这种感觉只有在共同生活中才能现实活动，所以人们自然要追求共同生活。这种生活，或者与
1172a 每个人的存在相关，或者与生活的选择相关，人们都愿意与朋友共同度过。有的人在一起饮酒，有的人在一起赌博，另一些人则在一起锻炼、打猎或者谈论哲学。每个人都在他们认为是生活中之最大乐趣中在一起度过时光。他们希望与朋友们生活在一起，他们举办这些项目，并尽可能地参加。另一方面，坏人的友谊会成为坏事（由于他们动摇不定，他们因其所有的邪恶而相互一样，所以友谊也就成

为邪恶的)。善良人们的友谊是高尚的，它由于接触而增长。他们在现实活动中，在相互促进中变得越来越好。他们互相把对方当作自己的榜样，并为此而欢欣。所以就有了“近朱者赤”这样的话。关于友谊就说到这里罢，下面让我们谈一谈快乐。

第十卷

1172a

1 在这一切之后，接着似乎应该谈一谈快乐。它看来和我们人类的天赋最相投合。所以，人们把奖赏和惩罚、快乐和痛苦当作教育青年的手段。同时，应该喜欢什么，应该憎恶什么，对善良风俗的养成也是极其巨大的因素。它们贯穿于整个生命之中，对德性和幸福生活发生影响和作用，因为，人们选择快乐，避免痛苦。

忽略这些问题是不应该的，何况在这里众说纷纭。有些人说，快乐就是善。有些人则相反，说它完全是恶。而在这些人中，有的人真正相信是这样，有的人则认为，即使快乐不是恶，把它算作恶也有益于世道人心。因为，看来大多数人都是孜孜以求，成为快乐的奴隶。所以应该矫枉过正，以求达到中道。

这样的说法很可能是不对的，与事实相比，那些在情感和实践上的事情可靠性更小。人们在感觉上说了与事实

不相符合的话，就要受到嘲笑，无人相信。一个斥责快乐 1172b
的人，一旦被发现他对此十分热衷，这就意味着它确实是人皆向往的东西，不过大多数人对它不能加以辨别而已。这样看来，真实的理论，不但对认识最为有用，而在生活上也是如此。与事实相符人们就相信，鼓励对此理解的人们按照这种方式前进。这里说的已足够了，让我们进而讨论关于快乐的那些意见。

2

由于看到快乐为一切有理性的和无理性的生物所追求，所以尤多克索斯认为快乐就是善。因为，在一切事物中，凡是被选择的东西就是可贵的，被最多选择的东西是最可贵的。现在既然快乐为一切生物之所趋，那么它对这一切当然是最高的善。（每一个生物都为自己寻求善，正如寻求食物一样。）为全部生物所追求的，对一切都是善的东西就是至善。人们相信这些说法并不是由于它们本身，而是因为他的人品高尚，因为他在人们看来节制出众，而不会被认为是个爱享乐的人，既然他也这样说，事情也许真是这样吧。

他还认为，与对立面相比，快乐之为善是很明显的。痛苦就其自身就是为一切生物所避免的东西，那么，它的反面就是为一切生物所选择的东西。其次，凡是不以他物为目的，不以他物为原因而选择的东西才是可贵的，众所周知，这就是快乐。一个人在享乐的时候没有人问他为什么享乐。看来快乐就是种就其自身而被选择的。他还说，不论什么样的善，公正举动还是节制行为，只有增加快乐才更受到欢迎，而只有善才助长快乐。

似乎这番论证，只不过指出善是各种快乐之一，并不能证明它比别的更强。因为任何善与其他善在一起，比单个的更为人所选择。而利用这同一论证，柏拉图却证明快乐不是善。快乐的生活和明智相结合，比它单独自身更为人所选择。如若它在混合后才更好，那就证明快乐并不是善，因为善是不需补充就更为人所选择的东西。所以，很显然，即使加上善自身而变得更为人所选择，那种东西也不会是善。那么这个我们所能分有的东西到底是什么呢，这就是我们所要寻求的。

在另一方面，有些人持相反意见，认为说所有生物追

1173a 求的东西并不就是善，不过是不知所云。我们说，凡是全体看来是善的东西，就是这种东西。有的人反对这种信念，然而他的话并不更令人相信些。如若这些只是无理性东西所追求的，那么，所说的也许就是这样，如若有理性东西也是这样，这话还有什么意义呢？也许在低等动物中，有一种比其自身更强大的善良本性，它追求本己的善。

就是关于对立面的论证，似乎也并不妥当。人们说，即便痛苦是恶，快乐也并不就是善。因为恶固然和善相对立，同时也和不相干的东西相对立。这话并不错，不过对这里所说的事情却用不上。因为，如若两者都是恶，那么两者都应避免，如若属于不相干之类，那就或者都不相

关，或者一律看待。而现在，人皆尽知，却是一个被当作恶来避免，一个被当作善来选择，这样看来两者是对立的。

3 决不能说快乐不属于性质，所以它也就不属于善。因为德性的现实活动也不属于性质，幸福也不属于。

人们说，善是有限定的，快乐则是无限定的，因为它允许有大和小。如若从快乐可以作这种区别，那么对公正以及其他德性也可以作这种区别，在这方面可以清楚指出更高和更低来。一个人可更公正些，更勇敢些，他的行为也可以更加公正，更加节制，更加高和低。如若所说的是多种快乐，那么他们所说的恐怕并不是原因，因为这里可能既存在着混合的快乐，也存在着未加混合的快乐。

而快乐又为什么不能像健康那样，虽然是限定的，但又有程度上的差别呢？在全部健康中并没有同一的尺度，就是在同一种健康中，也没有永不改变的尺度，它只能在消逝中作一定时间的停留，所以在多和少上就有了区别。关于快乐也可能是这样。

其次，人们以善为完美的前提，而运动和生成则是不完美的，于是力图证明快乐是运动和生成。这种说法看来是不妥当的。快乐并不是运动。一切运动所固有的特性是快和慢，不是就自身而言的（例如天体运动）快和慢，而是相对于他物而言的快和慢。快乐则完全没有这种特性。 1173b
被逗乐和被激怒可以是快的，但快乐的感觉则不能快，也不相对于他物而言快，如像行走、增长以及一切这类运动。变得快乐可以快，但这种现实活动本身却没有快。

快乐怎么会是生成呢？一个偶然的事物不能从一个偶然事物生成。一个东西只能从它毁灭后所归复的东西中生成。那么，快乐由之生成的东西，也就是毁灭它的，即痛苦的东西。有些人说，痛苦就是在自然上的缺欠，相反，快乐就是充实。但这都是些肉体的感受。如若快乐就是在自然方面的充实，那么，必须是在其中得到充实的东西才能感到快乐，这东西就是肉体。但情况似乎并不如此，所以快乐绝不是什么充实，虽然在充实的时候会感到快乐，如在被切割的时候会感到痛苦一样。这种意见是从关于饮食的痛苦和快乐中引申出来的。人们要先经过一番饥饿的痛苦，然后才能尝到满足的快乐。但并不是所有的快乐都是这样。学习的快乐就无痛苦。还有那些来自嗅觉、听觉、视觉以及记忆和希望方面的快乐也是这样。如若它们都是生成，所生成的是什么呢？这里既没有缺少什么，所以也不需充实。

对于那些不正常的快乐，一个人可以说那并不是真正的快乐，对身体状况恶劣的人，就不存在快乐，要说有的话，也只是对于这些人的快乐，正如对患病的人没有健康，没有甜，没有苦一样。对害眼病的人也说不上哪些现象是白的。有人也可以这样回答，快乐当然是值得选择的，但所得来源不正当，正如财富不能来自欺骗一样。快乐的种类不同，来自高尚的快乐有别于来自卑下的快乐。

如若不是一个公正的人，就不能享受公正的快乐，正如不懂音乐就不能享受音乐的快乐一样。

朋友和奉承者有明显区别，善和快乐是两件不同的事情。朋友的交往是为了善，而和奉承者相处则是为了快乐。一个要受到责备，另一个则被赞美。因为交往的要求 1174a
是不同的。谁也不愿使理解力一生都保持在儿童的水平，尽管对童年的回忆总是极大的快乐。谁也不愿做下流的事情，尽管将来不会经受痛苦。有许多事情要赶快去做，尽管不会带来快乐，如观看、记忆、认知、具有德性。也许这些事情必然伴随着快乐，但这并不两样。即使它们不带来快乐，我们还是要选择它们。

这样看来快乐并不是善，并非全部快乐都是可选择的，但显然有些快乐，由于它们的种类不同和来源不同，是可以就其自身而选择的。对于快乐和痛苦的种种意见，我们说到这里也足够了。

4

如果我们从头开始，那么快乐是什么，它的性质是什么，就要更加清楚些。观看在任何时候都是完美的、无缺欠的，它不需要任何东西后来生成从而使形式完美。快乐似乎也是这样，在任何时候人们都不会感到某种需要延长时间，然后才能使自己得到的形式完美的快乐。

从而快乐不是运动，一切运动都在时间之中，并且要达到一定的目的，例如建造房屋，只有目的达到时运动才算完成。所以，运动或者在全部时间中完成，或者在目的中完成，在时间的各个部分中是没有任何完成的。它们在属上与整体不同，而各个部分也互相区别。砌石块和雕廊柱是不同的，这两者又与建庙宇各异。庙宇的兴建是完满的（它必须按照设计的最后要求，缺一不可）。打地基、拢屋顶的运动都是不完满的（每一种都是部分），在类别上也不相同。就类别而言，在任何时间里都不能把握一个完满的运动，如若可能只有在全体时间中。

在行走以及其他方面也是这样。如若位置移动就是从一个点到另一个点，但这种移动在类别上也是各不相同，行走、飞翔、跳跃以及诸如此类。不仅如此，就在行走本身之中也是各不相同的。（因为从竞技场上的某一点到另一点的名称各不相同，因为这一部分不同于那一部分。同

1174b 样，在这条跑道上跑和在那条跑道上跑也不一样，因为赛跑所经过的不仅只是一条线，而是不同地点的线。）在其他作品里更详尽地谈了运动问题。运动似乎在所有时间里都不完满，而只是众多的不完满，在类上互不相同，因为它的类就是由此点到彼点构成。快乐与运动显然互不相同，它是一个整体，并且显然是完满的。这种意见由以下事实也可得出，即不在时间里就不能运动，但快乐却可以，因为它是在现在里的整体。

从这里就可明白，说快乐是运动，说快乐是生成并不妥当。这种说法不能用于一切对象，只适于那些部分而非整体的东西。观看并不是生成，点和单位也不是生成，也不是运动。所以，快乐不是运动，它是个整体的东西。

一切感觉的现实活动都要指向一个被感觉的东西，处于良好状况的感觉是完满的，指向最美好的对象（像这样才是完美的现实活动，不论就活动本身而言，还是就它的容受者而言，都没有区别）。处于最佳状况下的感觉，每一项活动都是最完美地指向它的最佳对象。这样的现实活动是最完美的，也是最快乐的。正如理智和思辨一样，最完美的感觉也最快乐。而最完美的感觉就是那种处于良好状况的，对自身最好对象的感觉。快乐使现实活动变得完美。然而，快乐使活动的完美方式与被感觉的东西和感觉并不相同，虽然它们都是良好的，正如作为恢复健康的原因，健康和医生的作用并不一样。

（显然，每种感觉都有自己的快乐，我们称使人爱看的东西，令人爱听的东西为使人快乐的东西。显而易见，处在最佳状况的感觉，并有与之相应的活动对象便是最快乐的。在这里有两个方面，一个是被感觉的东西，一个是能感觉的东西，只要具备了这两者，即动作者和承受者，快乐也就出现了。）快乐可使现实活动成为完美的，它不是作为一种寓于其中的品质，而像是一种天生的伴随物，
它使活动完美正如才华之于青春。只要是一方面有被思想 1175a
的东西，被感觉的东西，另一方面有判别力和思辨力，那么在活动中就将有快乐存在。因为它们都以同一方式而互相关联，一个作为动作者，一个作为承受者，所以要发生同样的事情。

为什么没有人能持续不断地快乐呢？也许是疲倦？人

的现实活动不可能是持续不断的，快乐也不能连绵不已，因为它伴随着活动。有些东西在新的时候使人喜欢，后来就不这样了。这是因为，在开始时理智受到刺激，对这新事物进行紧张的活动，像那些集中注意力在观看的人一样，而后来就松弛了，活动就不那么紧张了，快乐也就休止了。

有的人认为，一切人都追求快乐，因为所有的人都渴望生活。生命是某种现实活动，每一个人都要用他所最喜爱的功能对同类对象作活动，例如音乐家用听觉对旋律作活动，学者用理智对思辨问题作活动，其他活动也是这样。快乐使活动变得完美，所以，它通过使生活变得完美而使人们去追求它。人们有充分理由去追求快乐，因为它把生活变得完美，使它成为对每个人都乐于选择的事情。至于我们到底是由于快乐而选择生活，还是为了生活去选择快乐，目前且不去管它。两者是紧密相联的，看来谁也不能把它们分开。没有现实活动，快乐就不得以生成，惟有快乐才能使一切现实活动变得完美。

5

由此可以认为，快乐在属上是有区别的。我们认为快乐在属上各异，是由于它们完成的形式不同。不论在自然物品上和人工产品上都会见到这种情况。例如，动物、树木、图画、雕塑、房屋、家具。在属上不同的现实活动，也同样由属上各异的快乐来完成。理智活动和感觉活动自身在属上是各不相同的，使它们成为完美的快乐也是这样。

这一点可由每种快乐都与使其完美的活动相类似来证明。本己的快乐加强了活动，那些愉快的活动者对每件事就更能慎思，更能明辨。例如，那些喜欢做几何习题的人，会成为一个几何学家，对每个问题也有更深的把握。同样，对那些爱音乐、爱建筑的以及诸如此类人等，如若他们真是乐此不疲，那就会在自己的领域里作出成绩来。快乐加强了活动，但那些起加强作用的因素是它自身所固有的。对于那些在属上有别的东西，它所固有的特性，当 1175b
然也是属上有别的。

这一点，由另外的快乐可以妨碍活动的事实看得更加明白。例如，一个爱长笛的人，在谛听长笛演奏时，就听不进去谈话，因为与当前所从事的活动相比，他更喜欢长笛。听长笛的快乐消灭了谈话的快乐。如若两种活动同时进行，这样的情况也会发生，快乐中更大的一方抵消了另一方。快乐的差距越大妨碍作用就越是明显，以致使另一种活动完全停止。所以，当一个人过于高兴的时候，他什么也做不下去。例如，人们在剧场上吃甜食，表演得越坏，他们吃得越起劲。既然人们的活动为本己的快乐所加强、延长和改善，又为异己的快乐所妨害，显然快乐之间的差距是很大的。甚至可以说，异己快乐的结果会变成本己的痛苦，本己的痛苦可以消灭活动。如果一个人感到写和算对他是痛苦的，他就不肯再写，也不肯再算了。因为这些活动是种痛苦。有时候活动从相反方向受到本己快乐和痛苦的作用，说是本己的，因为它们就其自身生成于活动。以上说过异己的快乐往往造成痛苦，消灭活动，不过在程度上有所不同罢了。

既然现实活动有的善良高尚，有的邪恶下流，那么，有的就受到选择，有的就遭到避免，有的则不相干，无所谓。它们的快乐也是如此，每一种活动都有自己所固有的快乐。属于善良活动的快乐是高尚的，属于邪恶活动的快乐是鄙下的，而欲望也是这样。高尚的受到赞扬，卑下的受到斥责。和欲望相比，在现实活动中的快乐则更为本己些。因为欲望不论在时间上，还是在本性上总是分散的。活动则紧密相联不相分离。所以，这里就引起了争论，现实活动和快乐到底是否一回事情。无论如何也不能把快乐当作思维和感觉（因为这是荒唐的），虽然由于不可分离，在某些人看来，它们是一回事情。

现在既然现实活动是各不相同，快乐当然也就不同。
1176a 视觉以其纯净而有别于触觉，听觉与嗅觉优于味觉。各种快乐同样以其纯净性相区别。思维的快乐就比一切更为纯洁，而其他各种快乐也不相同。人们认为，每种动物都有自身所固有的快乐，正如自己的功能一样，这就是现实活动上的快乐。如若我们逐个地来考察，这一点就更明白了。马的快乐不同于狗和人的快乐。赫拉克利特说，驴子宁选草料而不取金银，因为对驴子来说，草料比金银更使它快乐。动物的类属不同，它们快乐的类属也不相同。在另一方面也很有理由相信，在同一类属中则快乐不会有什么不同。不过，在人类之中其差别却绝非微小，同一样东西对于一些人是可爱的，对于另一些人则是可憎的，使一些人痛苦，使另一些人喜悦。在味觉方面也有同样的情况，同一样东西健康的人尝来是甜的，发烧的人则尝不出。一个健壮的人和一个虚弱的人对温度的感觉也不一样。其他的事物也是这样。有的人认为，如若这个观点像看起来那样恰当的话，这就是说，德性和善是一切事物的尺度（善当然是作为善的善），那么快乐就是对他显现的快乐，他所喜欢的东西也就是使人喜欢的东西。因此毫不奇怪，有的东西这个人看来可憎，另一个人则看来可爱。人往往要受到多种损毁和伤害，事物本身并不快乐，只是使这样一些人，在这样处境下快乐。

很显然，那些公认的可鄙快乐应该说并不是快乐，或者只对那些受了损害的人来说是快乐。那么，在可敬的各种快乐中，到底什么性质的，哪种快乐才能说是人的呢？或者从现实活动就看得清楚吗？快乐是伴随着现实活动而来的。完美和幸福之人有一种，或是多种活动，使这些活动成为完美的那些快乐，就可以说是人的主要快乐，其他都是次要的、个别的，正如活动一样。

6 在谈过了各种德性以及友谊和快乐之后，现在轮到谈幸福了，我们认为只有它才是人的目的。再重复一下以前所说过的话，那么这个道理也许更明确些。我们说幸福不是品质，如若是，那么一个终生都在睡着的人，

过着植物般生活的人，陷入极大不幸的人都要幸福了。如若这种说法不能令人满意，那么，最好还是把它归于现实
1176b 活动。如以前所说，在活动中有一类是为着必需的，为着他物而被选择的，另一类则是以其自身而被选择。幸福显然应该算做以其自身而被选择的东西，而不是为了他物而被选择。因为幸福就是自足，无所短缺。这样的活动是以其自身而被选择的，除了活动之外，对其他别无所求。这样的活动就是合于德性的行为。它们是美好的行为，高尚的行为，由自身而被选择的行为。

由游戏而来的快乐，也不是为他物而被选择的，那些事情却是弊大于利。它们使人不注意身体并忽视财产。然而有许多人却把它们看作是幸福，在游乐中过生活。这就是为什么精于此道的人受到暴君的宠爱，他们投其所好，也正是所需要的人。由于有权势的人在这里消磨时间，所以游戏也就被当作一件幸福的事情。

这些人也许不能成为佐证，因为作为高尚活动之泉源的德性和理智不在权势之中，如若他们不去寻求纯净和自由的快乐而沉溺于肉体之中，那么也不能说肉体快乐是更可贵的。小孩子总是认为他们自己所宠爱的东西就是最好的东西，对于成人来说则是另外的东西更光荣。可恶和可贵也是这样。正如多次所说过的那样，可敬的和令人快乐的只是对高尚的人而存在的东西。对每一个人来说，符合他固有品质的活动是最可选择的，而对高尚的人来说，符合德性的行为是最可选择的。所以，幸福决不在游戏中。

一生勤勤恳恳，含辛茹苦，说什么是为了游戏，岂不荒唐。正如所说，我们为了他物而选择一切，只有幸福却不是，它本身就是目的。把严肃的工作说成是为了游戏是愚蠢的，未免太幼稚了。阿那哈尔西（Anakharsis）说得好，游戏是为了严肃地工作。游戏似乎是种休息，由于人们不能持续不断地工作，所以休息。休息并不是目的，它 1177a
为了现实活动而出现。从而，幸福生活可以说就是合乎德性的生活。幸福生活离不开勤劳，但却不在游戏之中。

我们说，勤劳胜于娱乐以及和游戏有关的事情。我们认为一个人越是高尚，他的活动也就越是严肃，所以一个高尚人的活动，其本身就是优越的，从而是幸福的。随便什么人都能享受肉体快乐，奴隶也不比出身高贵者差。但没有人去给奴隶以幸福，除非是属于生命的。所以，幸福决不在这些消遣之中，正如以上所说，它在合乎德性的现实活动之中。

7

如若幸福就是合乎德性的现实活动，那么，就很有理由说它是合乎最高善的，也就是人们最高贵部分的德性。不管这东西是理智还是别的什么，它自然地是主宰者和领导者，怀抱着高尚和神圣，或它自身就是神圣的，或是我们各部分中最神圣的。可以说合于本己德性的现实活动就是完满的幸福了。像所说的那样，这就是思辨活动。

这种主张与以前所说的真理看来是一致的，思辨活动是最强大的（因为理智在我们中是最高贵的，理智所关涉的事物具有最大的可知性），而且它持续得最久。我们的思辨比任何行为都更能持续不断。我们认为幸福应伴随着快乐，而德性活动的最大快乐也就是合于智慧的活动。所以，哲学以其纯洁和经久而具有惊人的快乐。很有理由认为，对知识的享受比对知识的探索更为快乐。所说的自足，最主要须归于思辨活动。智慧的人和公正的人一样，在生活上都有所必需。但在这一切都得到充分供应之后，公正的人还需一个其公正行为的承受者和协同者。节制的人和勇敢的人以及其他的人，每个人都是这样。只有智慧的人靠他自己就能够进行思辨，而且越是这样他的智慧就越高。当然有人伴随着活动也许更好些，不过他仍然是最为自足的。只有这种活动才可以说由于自身被热爱，在理论思维之外，从这种活动中什么也不生成。而从实践活动中，我们或多或少总要得到另外的东西。幸福存在于闲暇之中，我们是为了闲暇而忙碌，为了和平而战斗。各种实践德性的活动在政治活动中和战争行为中，有关这一类的实践就不能说是闲暇的。战争行为完全不能闲暇（谁也不会为了战争而进行战争或挑动战争，只有十足的杀人狂，才会为战争和屠杀而对邻人作战）。政治活动也不闲暇，在政治活动之外，所寻求的是权势和荣誉以及自身和公民的幸福。不过这和政治活动是两回事，显然是被当作另外的东西来追求的。如若政治行动和军事行动以辉煌和伟大取胜，而它们是无闲暇的，并不是由于它们自身而选择，而是为了追求某一目的，那么，理智的活动则需要闲暇，它是思辨活动，它在自身之外别无目的可追求，它有着本己的快乐（这种快乐加强了这种活动），它有着人可能有的自足、闲暇、孜孜不倦，还有一些其他的与至福有关的属性，也显然与这种活动有关。如若一个人能终生都这样生活，这就是人所能得到的完满幸福，因为在幸福之中是没有不完全的。

这是一种高于人的生活，我们不是作为人而过这种生活，而是作为在我们之中的神。他和组合物的差别有多么巨大，这种活动和其他德性的活动的差别也有多么巨大。如若理智对人来说就是神，那么合于理智的生活相对于人的生活来说就是神的生活。不要相信这样的话，作为人就要想人的事情，作为有死的东西就想有死的事情，而是要竭尽全力去争取不朽。在生活中去做合于自身中最高贵部分的事情。它的体积虽小，但能量巨大，其尊荣远超过一切。这也许就是每个人自己，因为这是它主要的、较好的部分。如若一个不去选择自己的生命，而去选择别人的生命，这是令人难以置信的。前面所说的与现在相一致。对每一事物是本己的东西，自然就是最强大、最使其快乐的东西。对人来说这就是合于理智的生命。如若人以理智为主宰，那么，理智的生命就是最高的幸福。

8

合乎其他德性的活动是第二位的，合乎这些德性的活动是人的现实活动。公正、勇敢以及在契约中、协作中、一切其他这类行为以及有关情感的事务中，我们互相对待中每人都须遵守的德性，这一切都是人的德性。其中某一些似乎是出于肉体，所以伦理德性在很多方面都和感情有关。明智与伦理德性接近，伦理德性也和明智相接近。可以说，明智原则本乎伦理德性，而伦理德性以明智为准绳。这些德性既然与情感相联系，那么，它们也就脱离不开组合物。凡是组合物的德性都是人的德性。合乎这种德性的生活，也有与之相应的幸福。不过理智的快乐则是另一回事，详尽地讨论这个问题越出了范围。这种幸福外部要求很少，至少比伦理德性为少。对于生活的必需两者是相等的（即使政治家对于身体以及诸如此类的事情操心更多些），然而其区别仍然很小。但在现实活动方面

区别就很大了。一个自由人需要金钱去从事自由活动，一个公正人也需要这东西以进行报偿（因为意愿是看不见的，一个不公正的人，也可装作公正）。勇敢的人需要力量以便完成合乎其德性的活动。一个节制的人需要机会，若不然谁节制谁不节制怎样看得出来呢？这里有一个争议，既然在这里存在着两个方面，对德性来说，到底选择
1178b 是主要的呢，还是实践是主要的。实践需要很多条件，而所行的事业越是伟大和高尚所需要的也就越多。一个思辨者对于他的思辨则一无所需。外物，正如所说，对思辨反而成为障碍。当然，作为一个人和众人生活在一起，选择合于德性的行为，也需要这样一些东西来过一个人的生活。

从以下事实不难看出完满幸福是一种思辨活动。我们认定神是享有至福和幸福的。他们应该有什么样的行为呢？难道是公道吗？说众神去订立契约、讨索欠款如此等等岂不可笑吗？那么是勇敢，他们能够临危不惧，慷慨赴死吗？也许是慷慨大方，谁来接受他们的赠与呢？也许是节制吧？而去称赞神没有邪恶的欲望，岂不是一种亵渎吗？——探究全部这些德性，就会发现它们琐屑无谓并且不值得称为属于神的。不过人们确是认为众神是有生命的，他们在活动着，他们当然不能像恩底弥翁[①]那样，总是睡觉。如若赋予生命以行为，除了思辨还能是什么呢？最高的至福有别于其他的活动，是神的活动，也许只能是思辨活动了。人的与此同类的活动也是最大的幸福。

再一个证明就是，其余的动物都不分有幸福，因为它们全都缺乏思辨活动。神的生活则全部是至福。至于人则以自己所具有的思辨活动而享有幸福。其他动物没有幸福，因为他们全不分有思辨。凡是思辨所及之处就有幸福，哪些人的思辨越多，他们所享有的幸福也就越大，不是出于偶然而是合乎思辨，因为思辨就其自身就是荣耀。所以，幸福当然是一种思辨。

作为一个人，思辨总要求有外部条件，进行思辨的本性本不是自足的。它要求身体的健康、食物以及物品的供

① 恩底弥翁（Endumion），是希腊神话中的人物，宙斯使他永远处于睡眠中。

给。如若至福也不能缺少外在的善，那么这也并不是说最大的幸福就有很大的需要。在过度中是找不到自足的，实
1179a 践也是这样。一个人可能并不是大地和海洋的主宰者，但可能从事着高尚的事业。有一个中等水平，一个人就可做合于德性的事情。（人尽皆知，那些普通的平民也可以和权贵们做同样可敬的事情，甚至更多些。）只要合于德性而活动，有一个幸福的生活，这一些也就足够了。

梭伦对幸福作过一番很好的描述。他认为，幸福就是具有中等的外部供应，而做着高尚的事情，过着节俭的生活。只要有一个中等的财产，人们就可以做他所应该做的事情了。阿那克萨戈拉似乎也不认为，最大的财富和最高的权势就是幸福。他说，在大多数人看来幸福的人十分奇怪，这并不足为奇。因为他们是从外在的东西来判断，这些都是感觉上的东西。那些有智慧的人的意见与这里所说似乎是一致的。在这里含有某种信念，在实践事务中的真理要从工作和生活来判断，因为主导在这些东西中。所提的种种论点必须通过工作和生活来考察，如和工作的成果相一致那就靠得住，如不一致那只不过是种说法而已。

人们认为，按照理智来工作，看顾它并使它处于最佳状况的人，是神所最宠爱的。如像人们所说，人间的事务都由神来安排，那么就有理由说，他们喜欢最好的、与他们最相似的东西（这也就是理智）。他们报偿最热爱理智和尊敬理智的人。由于他们看顾了神之所爱的东西，并且做着正确和高尚的事情。所有这一切在智慧的人那里最

多，当然是神所最爱的，像这样一个人很可能就是最幸福的。如若这样，那么智慧的人就是幸福的。

9

我们已经充分地谈了各种幸福、各种德性以及友谊、快乐等的各个主要方面。那么，应该认为所选的题目完成了吗？或者如所说的那样，在实践的事务中目 1179b
的并不在于对每一课题的理论和知识，而更重要的是对它们的实践。对德性只知道是不够的，而要力求应用或者以什么办法使我们变好。如若关于使人高贵的理论是自足的话，那么，人们就要公正地，如德奥根尼（Theognis）所说，“一本万利了”，而且也应该提供这种理论。但事情却是，它们虽然似乎也有力量去鼓舞青年们的慷慨，使那些生性高尚、真正热爱善良的人归于德性，但它却没有能力去促使大多数人去追求善和美。这些人，在天性上就是不顾羞耻，只知恐惧。他们避开邪恶并不是由于羞耻，而是由于惩罚。他们过着感情的生活，追求着自己的快乐和生产这些快乐的手段，他们躲避相反的痛苦。他们甚至从未想到过真正的善良和快乐，因为他们从未尝到这类的快乐。理论怎样来塑造这类的人呢？想用理论来改变在性格上形成的习惯，是不可能的，或者是很困难的。只要有了能使我们成为高尚人的全部条件，也就应该高兴了，我们就要受到德性的感染。

人们认为，有些人由于本性而成为善良的，另一些人则由于习惯，还有一些人是由于教育。本性上的事情，自然而然，显然非人力所能及，而是由于神的判定而赋予那些实际上是幸运的人。而理论和教育，我想并不是所有的人都有同样的能力。须通过习惯来培养学生们的灵魂对高尚的爱好和对丑恶的憎恶，正如土地须先开垦然后播种一样。那些按照情感过生活的人，是不会同意和听从理论劝告的。那么，像这样一些人，怎样才能使他们改变呢？一般说来，情感是不能为语言所动的，只有强制。

须预先养成一种德性所固有的特性，喜爱高尚而憎厌丑恶。如一个青年人不是在正确的法律下长成的话，很难把他培养成一个道德高尚的人。因为，节制和艰苦的生活是不为多数人所喜欢的，特别是对青年人。所以要在法律的约束下进行哺育，在变成习惯之后，就不再痛苦了。然而，作为青年人只是正确地哺育还是不够的，就是在长大成人之后还应继续进行这种训练，并且养成习惯。我们还需要与此相关的法律，总的说来，关于整个一生的法律。多数人宁愿服从强制，也不服从道理，接受惩罚而不接受赞扬。

这就是为什么，有些人相信，立法者要用高尚的动机来鼓励人们趋向德性，不断前进。因为人们一旦形成习惯就容易接受影响。对于那些天性卑劣的人，要用惩罚使他们服从。而对于那些不可救药的恶棍，就要完全赶了出去。他们认为，一个善良的人，他的生活是一心专注高尚的事业，服从理性的，而一个卑劣的人，所期望的就是快乐，像一头轭下的畜生，只有痛苦才能使他们改正。由此人们说，痛苦应该作为最使人迷恋的快乐的抵消物而出现。

正如人们所说那样，一个想要做好事的人，就要受高尚的教育和训练，并从事高尚的职业，既不自愿地，也不非自愿地去做卑劣的事情。但要达到这一点，他还必须合乎理性地生活，遵守正确而有力的秩序。所以，父亲的安排是没有力量的，不能强制。总的说来，任何一个男子，除非是个君主，否则他的安排都没有强制性。法律，作为一个出于思考和理智的原理，具有强制性的力量。一个人违反了潮流就要为人所憎恨，即使他所做的事是正确的。法律对有关的高尚行为进行规定，则不会引起反感。斯巴达也许是惟一的城邦，或少数城邦中的一个，把立法当作教导和训练。在大多数城邦中，这些事情是被忽视的，一个人想怎样过活就怎样过活，视立法为儿戏。最好的办法是形成一个共同的、正确的关心。在共同的关心被忽略时，那么，每个人看来都要关心自己的孩子和朋友，让他们臻于德性。即使这一点也做不到，至少应该想到这一点。从前面所说，如若一个人具有了立法的知识，就更容易这样做。显然，对德性的共同关心要通过法律才能出现。有了好的立法才能有好的法律。 1180b
法律不论是成文的还是不成文的并没有区别。不管是为一个人的教育所制订的，还是为部分人的教育所制订的，正如在音乐、体育以及其他行业中一样。正如在各个城邦中法规和习俗都具有权威性，在各个家庭中父亲的话语和惯例也具有权威性，而血缘关系越近，好事做得越多，这种权威也就越大。依恋与服从最初是由自然开始的。此外，个别教育和共同教育是有区别的，这正如在医学上一样，对发烧的普遍处置，如休息和禁食，也许不能用于个别的病例。一个拳击师也不会把同一打法教给一切门徒。看来私人的照料对于个别情况能产生更确切的结果。因为，每个人都愿有与他相适合的对待。

然而，一位医生和一位教练，如若懂得普遍他就能最好地照顾单个人。因为普遍是针对全体和任何一个人，科学就意味着共同，它也实在如此。但这并不妨碍，某个人尽管不懂得科学也能进行很好的照料，他根据经验对所遇到的个人进行恰当的处置。正如有些人虽然对自己样样皆通，而对他人却一无所知一样。但是人们仍然一致认为，那些愿意去通晓技术善于思辨的人进而走向普遍，尽可能通晓普遍。已经说过，科学就是关于普遍的。倘使一个人想要使人，不论是多数人，还是少数人，都成为善良的人，他就应该尽力去通晓立法科学。因为，我们也许是通过法律而成为善良的人。并不是随便什么人都能把一个人的习性变得美好，而如若有这种人的话，也只是有知识的人，正如在医学上，以及其他需用心计、要思考的事务中一样。

在这之后，是否应该讨论，一个人从哪里以及怎样地得到立法知识呢？或者如其他行业一样，是从政治家那里得来的吗？因为，人们认为它是政治学的一个部分。然而，政治学和其他科学和专业并不一样，在别的专业里，这个专业的传授者同时也就是它的现实活动者。例如，医生和画家。但政治学则不同，智者们声称传授政治学，却 1181a
没有人去实践。政治活动家进行活动，然而他们的实践活动更多地是来自经验。而不是来自理智思考。他既不写也不讲有关这个专业的事情（虽然这些比那些法庭上的辩护词和公民大会上的讲演稿似乎更有价值些）。同时也看不到，他们使自己的儿子和朋友中的任何一个也成为政治家。如若他们能够，那么就很有理由说，他们没有再好的东西留给城邦，没有比这再好的专业留给自己，传给儿孙了。不过经验的作用在这里似乎也不能小看，不然经常从事政治就不会成为政治家。所以，那些想得到政治知识的人们，似乎还需要经验。

那些宣称传授政治学的智者们，看起来与他们所自许的相距甚远。整个说来，他们并不知道政治是什么，它所讨论的是什么，若不然他们就不会把它看作和修辞学是同一东西，甚至于更低下些。也不会把立法看得那样容易，就是把那些认为好的法律汇集在一起。他们认为可以选择最好的，而且这种选择用不着理解，而正确的判断算不了什么大事情，就像那些关于音乐的问题一样。人们对个别事物有了经验，对工作的成果就能做出正确判断，知道它是通过什么手段和以什么方式完成的，什么东西和什么东西相搭配。而那些没有经验的人，只在表面上看所得的成果是好，还是坏，像在画面上一般。法律似乎是政治活动 1181b

的成果。一个人从这样一些法律怎样通晓立法，判断什么是善呢？从来没有看到过从手册培养出来的医生。进行这种尝试的人，不但要写处方，还要讲出怎样治疗和处置个别类型的患者，要对各种症状加以区别。这样的东西在有经验的人看来是有益的，对无经验的人则无甚价值了。那些法律和法典的汇编，对有思辨能力的人，去判断什么好、什么坏、什么和什么相搭配也许很有用处。那些不具备这种品质的人，即使读了这种汇编也不会作出恰当的判断，除非是自发的，只不过是很可能加强了对这些事的理解。

鉴于立法问题是一个被前人留下来尚没有研究的问题，所以我们最好来加以考察。整个说来这是一个政制问题，这样我们就尽可能地来完成关于人的哲学。首先让我们来对前人们与此有关的合理说明加以回顾。其次，从所搜集的政制汇编中来考察一下，什么样的政制保全了城邦，什么样的政制毁坏了城邦，而在这些之中，每一种政制又是什么，由于什么原因有的城邦治理得好，相反，有的城邦治理得坏。在考察完了这一切之后，也许还要进一步考察什么样的政制是最好的。每一城邦怎样维持秩序，用什么样的法律和风俗。那么，让我们从头说起吧。

图书在版编目（CIP）数据

尼各马科伦理学/（古希腊）亚里士多德著；苗力田译.
北京：中国人民大学出版社，2003

ISBN 978-7-300-05117-8
Ⅰ. 尼…
Ⅱ. ①亚…②苗…
Ⅲ. 伦理学-古希腊
Ⅳ. B82

中国版本图书馆 CIP 数据核字（2003）第 098106 号

尼各马科伦理学

[古希腊] 亚里士多德 著
苗力田 译
Nigemake Lunlixue

出版发行	中国人民大学出版社		
社　　址	北京中关村大街 31 号	**邮政编码**	100080
电　　话	010－62511242（总编室）		010－62511770（质管部）
	010－62515351（邮购部）		010－62514148（门市部）
网　　址	http://www.crup.com.cn http://www.ttrnet.com(人大教研网)		
经　　销	新华书店		
印　　刷	涿州市星河印刷有限公司		
规　　格	148mm×210mm　32 开本	**版　　次**	2003 年 12 月第 1 版
印　　张	7.5 插页 2	**印　　次**	2018 年 6 月第 5 次印刷
字　　数	142 000	**定　　价**	38.00 元